세금과
경제정의

상속세 · 세금국가 · 세금저항 · worldtax · 평양세무서장

세금과 경제정의

2024년 4월 4일 초판 인쇄
2024년 4월 9일 초판 발행

지 은 이 | 안창남
발 행 인 | 이희태
발 행 처 | 삼일인포마인
등록번호 | 1995.6.26. 제3 - 633호
주   소 | 서울특별시 용산구 한강대로 273 용산빌딩 4층
전   화 | 02)3489 - 3100
팩   스 | 02)3489 - 3141
가   격 | 20,000원

ISBN 979-11-6784-253-4   03320

세금과 경제정의

상속세 · 세금국가 · 세금저항 · worldtax · 평양세무서장

월드텍스연구회

안창남 지음

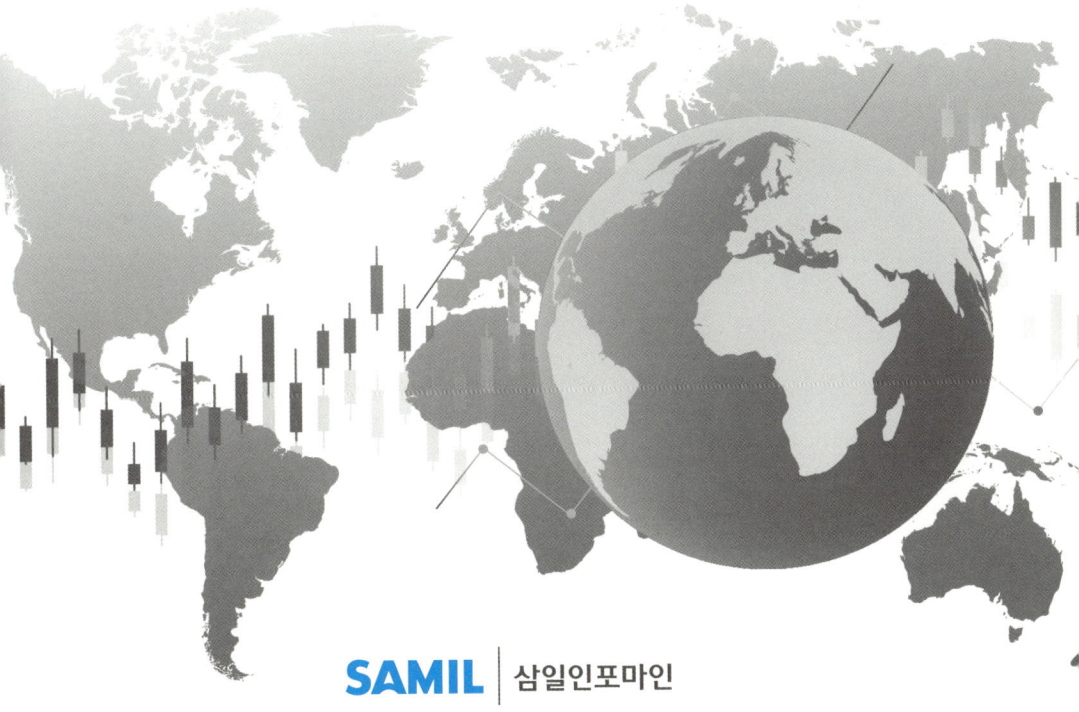

SAMIL | 삼일인포마인

서문

이 책에 실은 글들은 필자가 2009년부터 2024년 현재까지 아시아경제, 더스쿠프, 조세플러스, 한국세정신문, 서울신문, 서울경제, 한국경제, 중앙일보, 동아일보, 국민일보, 시사저널, 월간조세, 재정포럼, 이데일리, 아주경제, 월드텍스연구회, 한반도평화연구원 등에 쓴 세금 관련 칼럼들의 일부를 발췌하여 수정·보완한 것입니다.

그리고 같은 주제의 글들은 서로 통합하여 책 편집 시점에서 재정리하였습니다. 먼저 부족한 글을 게재해 주신 해당 신문과 잡지에 고마움을 전합니다.

칼럼들과 기고문, 인터뷰 글 등은 세금 문제를 우리나라 시각만이 아닌 국제적 시각에서 바라본 내용이 담겨있습니다. 이는 우리나라의 부익부 빈익빈 현상뿐만 아니라 선진국과 개발도상국 간 양극화 현상을 치유하는 데 공헌할 필요가 있다는 관점이 크게 반영되어 있음을 의미합니다. 이 책에서는 이런 관점을 '월드텍스(worldtax)'라고 지칭합니다.

월드텍스적 사고방식은 첫째, 세금도 사회제도의 일부이므로 보편타당한 특성을 지니고 있어야 하고 둘째, 국가재정은 건전하게 운용되어야 하며 셋째, 국가는 성실한 납세자를 최대한 보호하여야 하고 넷째, 민족의 염원인 평화통일을 이루기 위한 교류와 재원 마련이 필요하다는 점을 꼽습니다.

세금 제도가 잘 운용되면 국가는 안정적으로 지속되지만, 그렇지 못한 경우 세금저항(tax revolt)이 일어나 국가 체제가 붕괴할 수도 있습니다. 미국 독립전쟁과 프랑스 대혁명, 우리나라 동학농민운동 등 역사적 사실이 이를 입증합니다.

이들 시민혁명은 모두 과세권을 가진 국가권력의 오만에서 비롯되었습니다.

 어느 나라든지 경제분야는 다른 나라와의 상호관계에서 많은 영향을 주고 받으며 생존합니다. 그 과정에서 세금이 걸림돌이 되기도 하지만, 세금은 그 영향력으로 사회를 안정시키고 경제를 순방향으로 이끌어 가는 데 큰 역할을 하기도 합니다.

 우리나라에서도 세금 제도가 국내의 불균형 해소 기능을 하고, 국제사회에 서는 다른 국가들과 경쟁하면서 지속가능한 경제발전에 기여하며 평화통일의 밑거름이 될 것으로 믿습니다.

 당초 칼럼을 투고할 때부터 부족한 원고를 가다듬어준 고교 동창 양재찬 박 사님에게 진심으로 감사드립니다. 부족한 글을 모아서 편집을 해주시고 보완 해 주신 장혜경 박사님에게도 고마움을 드립니다. 이 책의 초고를 검토해 주 신 유재선 박사, 황영순 박사, 지병근 박사, 김영선 박사, 손순희 박사, 손창용 박사, 윤희원 박사, 문귀영 박사, 이창원 박사과정생, 민상진 박사과정생에게 도 감사를 드립니다. 무엇보다도 꼼꼼하게 수정하고 조언을 준 집사람에게 한 없는 고마움을 전합니다. 이 글의 부족한 면은 오롯이 필자의 몫입니다.

2024년 4월

세금과 경제정의 **Contents**

Contents

세금과 경제정의

1

세금을 넘어 세금국가로 전환

세금의 관점에서 보면 복지라 쓰고 세금이라 읽어야 하며,

연금이라 쓰고 세금이라 읽어야 맞다.

우리가 살고 있는 이 시대의 '국가의 역할'은 무엇인가? 영국 경제학자 아담 스미스(Adam Smith)의 『국부론』을 굳이 언급하지 않아도, 상식적인 사람이라면 국가의 역할은 외부의 적으로부터 공동체를 지키며 내부적으로는 구성원의 삶을 풍성하게 하는 것으로 답할 것이다.

국가의 역할을 국방과 치안 유지에 국한하고 나머지는 개인의 자유에 방임하는 '야경국가(夜警國家)'이든 국민의 인간다운 생활을 위해 적극적으로 복지 혜택을 부여하는 복지국가(福祉國家)이든 모두 세금을 기초로 하고 있다(이 글에서는 '조세' 대신 '세금'이라는 용어를 사용한다. 그 이유는 조세의 조(租)는 그 뜻이 국가의 재산을 소작농에게 빌려주고 받는 임대료를 의미하는데, 현행 세법에는 이와 같은 임대료를 조세라고 하지 않기 때문이다).

특히 현대 대부분의 국가가 추구하는 복지국가의 경우 세금 없이는 설계할 수 없다는 점에서 현대를 '세금국가(Tax State)'라 불러도 이상하지 않다(헌법재판소 89헌가95결정 : 세금(조세)이 국가재정수입의 주원천으로서 특히 중요한 의미를 갖기 시작한 것은 정치적으로는 중세의 전제군주국가가 몰락하고 근대시민사회의 형성에 따라 민주주의, 법치주의체제의 통치기구가 수립되고, 경제적으로는 사유재산제도와 자유경쟁 및 시장경제의 원리가 지배하는 자본주의 경제체제가 대두되면서부터이다. 그런데 현대의 이른바 문화국가(文化國家)시대에 이르러 국가의 활동영역이나 기능이 방대하여짐에 따라 그에 소요되는 재정수요도 막대하게 팽창되었으며, 그 재정자금의 대종인 세금(조세)의 문제야말로 국민과 가장 밀접하게 이해관계가 상충되는 문제로서, 세금(조세)정책의 향방에 따라 국민의 재산권에 미치는 영향은 지대하게 되었으니, 그러한 의미에서 현대국가는 세금(조세)국가라고 할 수 있고 우리나라도 그 예외는 아니라고 할 것이다).

세금은 국가의 형성과 역사적 궤를 같이한다. 기원전 1050년경, 이스라엘 민족이 사사(師士, 재판관)인 사무엘(Samuel)에게 외적의 침입을 막기 위해 왕을 세워 달라고 요구했다.

그는 왕이 통치하는 국가가 출현하면 "곡식과 포도에서도 십분의 일 세를 거두고...양 떼에서도 십분의 일 세를 거두어 갈 것이다(사무엘 상 8:15,17)"라고 했다. 이는 국가 구성원인 개인이 그 운영에 필요한 돈을 의무적으로 부담하여야 한다는 의미였을 것이다.

일찍이 프랑스 정치학자인 장자크 루소(Jean-Jacques Rousseau)가

『사회계약론』에서 언급한 "사회는 구성원들의 계약(contrat)에 의해 유지된다"라는 논리처럼, 개인 혼자서는 외부의 적에게 대항할 수 없으므로, 구성원들은 세금을 내고 국가로부터 보호받는 '계약 관계'가 성립한다.

이런 점에서 세금은 배우지 않아도 본능적으로 하는 부모의 자식 사랑과 같은 숭고한 선험적(a priori) 존재가 아니라 반복과 노력을 통해 지속되는 경험적(empirischer) 유산의 일종으로 타협적인 특징이 있다. 이 타협의 핵심은 세법에 따라 세금을 내되(세금법률주의) 그 부담의 정도는 세금을 낼 능력, 즉 담세력(擔稅力. ability to pay tax)에 따른다(세금공평주의)는 것이다.

이 세상에 세금이 없는 나라는 없다. 북한은 세금이 없다고 하지만(북한 헌법 제25조), 개성공단 등에서 보았던 것처럼 외국인이나 외국자본에 대해서는 세금을 부과하고 있다. 북한 내부에서도 세금이란 이름만 안 붙였지 '협동단체 이득금' 등의 명목으로 국가가 거두어서 예산을 편성하고 있다.

세금은 국민의 재산권을 침해한다는 점에서 매우 위험한 무기일 수도 있다. 역사의 변혁기를 보면 대부분 세금저항(tax revolt)으로 시작되었기에 더욱 그러하다. 대표적인 예로 영국의 마그나카르타(대헌장), 미국의 독립전쟁, 프랑스 대혁명, 조선의 동학농민운동을 들 수 있다.

강학상 세금이란 국가 또는 지방자치단체가 재정수요를 충족시키거나 경제적·사회적 특수정책의 실현을 위하여 국민 또는 주민에 대해 아무런 특별한 반대급부 없이 강제적으로 부과징수하는 과징금이라고 한다(헌법재판소 89헌가95결정).

그렇다면 세금을 얼마나 내야 하는가? 정답은 없다. '보편적 복지'를 지향하는 프랑스 등 유럽국가는 세금부담 비중이 높고 미국 등 '선택적 복지'를 추구하는 국가는 상대적으로 낮다.

이것은 사회구성원이 선택할 문제이다. 고복지(高福祉)를 원하면 (세금을) 고부담(高負擔)해야 하고 저복지(低福祉)를 원하면 (세금을) 저부담(低負擔)을 하면 된다. 그런데 고복지를 원하면서 저부담을 하겠다는 것은 비양심적이다. 그 부담을 후세대에게 넘기려는 의도가 있지 않고서는 바랄 수 없지 않은가.

국가는 납세자에게 세금을 받는 대신 그들을 위해 국방, 교육, 의료, 복지 등 공공재(public wants)를 무상 또는 저렴하게 제공한다. 코로나19 사태에서 보았듯이 전 국민에게 재난지원금을 지급하고, 저소득과 취약계층의 보호, 미래 전략산업 육성, 초격차 기술개발, 중소기업과 벤처기업의 경쟁력 강화에도 돈을 쓴다. 심지어 근로장려금(EITC)이라고 하여 소득이 적어 생활이 어려운 근로자, 사업자, 종교인까지도 일정 금액을 지원하기도 한다(조세특례제한법 제100조의 2).

세금의 관점에서 보면 연금이라 쓰고 세금이라 읽어야 하며, 복지라 쓰고 세금이라 읽어야 맞다. 모두 다 세금으로 충당되기 때문이다. 국가의 재정정책은 세금으로 거둔 만큼만 복지를 하면 된다. 이른바 '국가 재정의 건전화'이다.

세금은 낮추면서 복지수준을 높일 수 있다는 논리는 마술의 세계에서나 가능한 것이다. 그렇지 않으면 국가부채가 쌓이며 자칫하다간 '제2의 외환위기(IMF 사태)'가 닥칠 수도 있다.

더구나 한반도의 통일을 정말로 염원한다면 통일에 대비하는 비용도 미리 예산으로 마련할 필요가 있다. 서양격언에 "하늘은 스스로 돕는 자를 돕는다(God helps those who help themselves)"라는 말이 있다. 통일의 시기가 언제일지는 알 수 없지만 슬기로운 다섯 처녀처럼 '그릇에 기름을 담아 등과 함께' 준비할 필요가 있다(마태복음 25:4). 이는 유비무환(有備無患)의 다른 말이다.

세금 문제를 개인의 시각으로 돌리면 이는 '돈'의 문제로 귀결된다. 세법과 세금고지서에는 의외로 구멍이 많이 있다. 세법의 규정에 따라 정당하게 세금부담을 감소시키는 절세(Tax Saving), 세법이 미처 규정하지 못한 법의 흠결이나 제도적인 빈틈을 파고들어 세금부담을 줄이는 세금(조세)회피(Tax Avoidance), 불법적인 방법인 이중장부 작성, 거짓 증빙 또는 거짓 문서의 작성과 수취 등을 통해 세금을 줄이는 탈세행위(Tax Evasion)가 있다(조세범 처벌법 제3조 제6항). 탈세는 물질만능주의의 소산이며 근저에는 돈을 숭배하는 맘모니즘 (mammonism)적 사고가 자리잡고 있다. 건전한 상식을 지닌 자라면 해서는 안 될 행위이다.

경제체제가 자유와 시장경제를 추구하는 이상, 부익부 빈익빈 현상은 심화한다. 바람직한 현상은 아니다. 프랑스 경제학자 토마 피케티(Thomas Piketty)가 『21세기 자본』에서 지적한 대로, 우리가 살고 있는 세상의 경제는 금융이나 부동산 등의 자본수익률(r)은 언제나 경제성장률(g)보다 높아서(r>g), 부익부 빈익빈 현상은 더 심화되고 그 결과 부자와 가난한 자의 비율이 20% vs 80%가 10% vs 90%로 바뀌고 이게 더 심화되어 0.1% vs 99.9% 사회로 진행된다고 하였다. 우리나라 사정을 보아도 피케티의 주장을 입증하고 있다.

이를 합법적으로 해결하는 방안은 세금 이외에는 없다. 세법 규정은 소득이나 재산이 많은 사람의 돈을 세금을 통해 국가로 귀속시킬 수 있게 한다. 그런 의미에서 세금의 중요성은 아무리 강조해도 지나치지 않는다.

하지만 세금만으로 이를 교정할 수는 없다. 세율을 50% 이상으로 하는 것은 자칫 헌법에 보장된 재산권을 부당하게 침해할 위험이 있기 때문이다. 세금의 역할을 보조하는 것은 기부금이다. 기부를 활성화하는 세제가 뒷받침되어야 한다.

다행스럽게 최근 '깨끗한 부자'들이 등장하고 있다. 기존 재벌기업들의 탈세 의혹과는 달리 인터넷과 플랫폼을 기반으로 사업을 하는 그들은 이익도, 세금도, 기부금도 자발적으로 자기 주머니에서 내고 있다.

세금은 납세 의식과 납세 순응을 통로로 하여 진행된다. '납세 의식(tax morale)'이란 자발적으로 세금을 내려는 가치관으로 개인에게 내재적으로 형성되는 의식을 말한다. 이는 세법에서 내라고 하니까 억지로 내는 수준을 뛰어넘는다. 공동체 일원으로서 자발적으로 내려고 하는 동기가 강한 자이다.

기업가는 법을 어기지 않고 정직하게 기업을 운영하고, 근로자들은 자기가 받은 급여 이상으로 성실하게 근무하여야 한다. 납세자들은 세법이 정한 대로 세금을 내야 하며, 정부는 그 세금을 사용하여 국가의 안위와 구성원의 삶을 풍성하게 꾸려내야 한다.

능력이 있는 자는 최대한 노력하여 그 결과물을 사회에 환원하고 국가는 그들의 능력을 최대로 발휘토록 여건을 마련하며 사회적 약자를 돌아봄에 아낌이 없는 사람이 모여 사는 나라, 그런 나라가 선진국이다. 이 통로가 바로 세금이고 이를 존중하는 나라를 '세금국가'라고 한다.

나라마다 자랑하고픈 아름다운 시대, '벨 에포크(Belle Epoque)'가 있다. 영국의 역사학자 메리 매콜리프(Mary McAuliffe)는 "나라의 역경이 오히려 낡은 관습을 타파하고 새로운 것을 향한 열망이 타오르는 동력을 제공할 수 있다"라고 했다.

주변 강대국에 치여서 늘 쪼잔하게 살아야 할 것 같았던 동방의 조그만 나라 대한민국이 1988년 올림픽과 2002년 월드컵을 성공적으로 개최하였고 코로나19 사태를 슬기롭게 극복하면서 우리도 모르는 사이에 선진국 대열에 올라섰다. 이 성공에 가장 공헌한 것은 세금이라고 본다.

현재 한반도에서 숨을 쉬고 있는 세대는 이 땅에 인간이 거주한이래, 벨 에포크 즉 가장 아름다운 시대를 살았다는 평가를 받을 것이다. 세금의 분발을 기대한다.

(한반도평화연구원 '이슈브리프' 33호, 2023.4.; 아시아경제 2020.4.24.)

2

마태효과와 맘모니즘의 차단

더하지도 덜하지도 말고, 세금은 국가재정을 충실하게 조달하고(재정건전성 추구), 국가의
주인인 성실한 납세자를 존중하는 것(과세권 남용 방지) 그리고 인류 공동선을 추구하기 위한
국가 간 협력과 조화(월드텍스 worldtax)를 추구하는 것이야말로
바로 세금 철학의 궁극적인 지향점이다.

경제적으로 여유가 있는 부모에게서 자란 자식들이 대학 졸업 후 그렇지 못한 자녀들보다 환경이 훨씬 좋은 곳으로 진출하는 현상이 갈수록 두드러지고 있다.

그 구체적 원인에 대해서는 보다 세밀한 연구가 필요하지만, 미국 사회학자 로버트 킹 머튼(Robert King Merton)은 "권력이나 경제력 또는 사회적 지위를 가진 사람은 사회로부터 얻는 혜택이 누적되고 있다"라고 하면서 이를 '마태효과(Matthew Effect)'라고 불렀다.

그의 주장은 신약성경의 "가진 사람은 더 받아서 차고 남을 것이

며, 가지지 못한 사람은 가진 것마저 빼앗길 것이다(마태복음 13:12)."
라는 구절에 터 잡은 것이다. 종교마저 없는 자를 업신여기느냐고
반문할 수 있겠지만, 사실 이 구절은 예수가 제자들에게 천국에 이
르는 비밀을 비유적으로 설명한 표현이다.

즉, 성경의 가르침대로 살지 않는 자는 천국에 들어가지 못하고
오히려 그들이 지닌 보편적 축복조차 회수하여 천국에 가는 자들에
게 나눠준다는 의미라고 생각한다.

그런데 마태효과가 지금처럼 지속하면 이른바 '부자'라는 특수계
층이 형성될 가능성이 매우 크다. '아부지 뭐하시노?'의 물음이 뜻하
는 바와 같이, 부모 재산의 많고 적음이나 사회적 지위의 높고 낮음
에 따라 자녀의 신분이 달라질 수 있다는 의미다.

이런 마태효과는 세습될 가능성이 커서 국가와 사회 공동체가 주
의를 기울여 살피며 해결해 나가지 않으면 안 된다. 우리나라 헌법
은 평등사회를 지향하고 특수계급을 인정하지 않고 있으며(제11조)
따라서 유럽 일부 국가처럼 왕족 세습 국가는 아닌 것이고 될 수도
없다. 유의할 대목이다.

부모 잘 만나서 권력을 세습하고 지위도 물려받으며 막대한 재산
이 거저 대물림되는 사회는 유지발전할 수 없음은 분명하다. 젊은
이들이 눈앞의 어려운 현실을 뛰어넘을 피나는 노력을 하지 않고

부모의 재산이나 탐하고 있는데 그런 나라에 무슨 발전이 있겠는가. 이런 마태효과가 기승을 부리는 기저에는 돈이 모든 가치 판단의 기준이 되는 '맘모니즘(mammonism)적 사고'가 자리 잡고 있다.

우리 사회에 '돈'이 필요하기는 하지만, 그렇다고 '돈'이 모든 가치의 중심이 되는 순간, 돈을 벌기 위해 자연환경을 파괴하고 가난하고 병든 사람을 무시하는 행위, 생명 경시 풍조와 극단적 이기주의가 팽배하게 되며, 그 결과 사회구성원 모두 패자가 되는 불확실성의 시기가 도래한다.

이를 시정하는 방법은 무엇인가? 바로 세금이다. 우리나라 헌법에도 "국가는 적정한 소득의 분배를 유지하라"라고 쓰여있다(제119조 제2항).

우리나라 헌법에서 규정하는 시장경제주의를 침해하지 않는 범위 내에서 누진과세를 통해 부익부 빈익빈 현상을 완화하고, 법치주의(rule of law)에 터 잡아 부당하게 모은 돈에 대해서는 세금 등으로 흡수할 필요가 있다.

사정이 그렇다고 해도 세금을 전쟁터의 기관총처럼 마구 난사할 수는 없다. 세금부과와 징수는 법에 따라 엄정하게 하고 절차를 지켜야 한다. 법에 규정하고 있다고 해서 '조자룡의 헌 칼 쓰듯이' 생각 없이 마구 남용해서는 안 된다. 이 '생각 없음'이 도를 넘으면 납세자는, 미국 독립전쟁이나 프랑스 대혁명처럼, 국가 형태를 과감히 교체하였다.

따라서 세금정책 수립과 집행에는 철학적 성찰이 강하게 요구된다. 철학(philosophy)은 사랑(philo)과 지혜(sophy)의 합성어다. 지혜를 사랑한다는 의미의 철학은 '생각 있음'을 전제로 한다.

"나는 생각한다 그러므로 나는 존재한다"라는 방법론을 제시한 프랑스 철학자 르네 데카르트(René Descartes)의 말은 마녀사냥 등 비이성적 가치 기준이 판치는 당시 세계를 송두리째 바꿔 놓는 실마리를 제공했다.

그의 금언(金言)을 세금에 적용하면, '생각이 있는 세금운용'이야말로 공평한 국가 구현의 초석이라는 것이다. 세금정책을 잘만 운용하면 자본주의의 고질적 병폐인 맘모니즘의 폐해를 완화해 공정한 국가를 만들 수 있는 힘을 지닌다. 이 힘을 잘 써야 진정한 선진국이된다. 선거 때마다 세금 철학에 대한 고민없이 세금을 풀어서 뭐 하겠다는 발언은 '생각 없음'을 부끄럽지도 않게 드러내 놓는 치부 그 이상도 그 이하도 아니다.

더하지도 덜하지도 말고 세금과 세제는 국가재정을 충실하게 조달하고(재정건전성 추구), 국가의 주인인 성실한 납세자를 존중하는 것(과세권 남용방지), 그리고 인류 공동선을 추구하기 위한 국가간 협력과 조화(월드텍스 worldtax)를 추구하는 것이 바로 세금 철학의 궁극적인 지향점이다.

(아시아경제, 2014.9.30.; 더스쿠프, 2024.2.10.)

3

사실혼에 대한 세법의 이중 잣대

사실혼과 법률혼은 단지 결혼신고를 하였느냐의 차이일 뿐
혼인했다는 사실은 같다. 이래도 차별할 것인가?

혼인은 법률혼과 사실혼으로 구별하는데, 전자는 혼인신고라는 행위에 따라 부부관계를 법적으로 인정하는 것을 뜻하고, 후자는 혼인의 의사가 있지만 혼인신고를 하지 않았을 뿐, 가족 대소사 참여 등 사실상 부부의 형태를 갖추고 있는 것을 뜻한다(이 지점에서 사실혼은 부부의 형태라고는 볼 수 없는 '단순동거'와는 차이가 있다). 사실혼 사이에서 태어난 자식들은 종전에는 사생아로 불렸지만, 지금은 혼외자로 불리고 있다.

흥미로운 통계가 있다. OECD가 발표한 '혼외자 출생률 통계'에 따르면, 회원국 출생아 중 혼외자 비중은 평균 40%이다. 프랑스가 56.7%로 가장 높으며 우리나라는 1.9%로 OECD 회원국 중 가장

낮고, 일본이 2.3%로 그다음이다.

혼외자 비중이 적다고 해서 우리나라의 결혼생활이 다른 회원국보다 더 도덕적이라든가 윤리적이라고 말할 순 없다. 단지, 결혼제도를 바라보는 인식의 차이에서 기인한 결과다.

프랑스 등 OECD 회원국의 혼외자 비중이 높은 건 법률혼과 유사한 보호를 통해 나름대로 가정을 꾸려가도록 도와주는 다양한 결혼제도가 있기 때문이다. 미국의 비혼동거제도나 프랑스의 동거계약제도(PACS) 등이 대표적이다. 이들 나라의 법적 보호 장치에서 법률혼과 사실혼의 차별은 거의 없다. 굳이 혼인신고의 필요성을 절감하지 못할 뿐이다. 혼외자를 차별하거나 맘대로 재단하지도 않는다. 그 결과, 혼외자 출생 비율이 높고, 인구도 증가하고 있다.

그렇다면 사실혼의 성립 요건은 무엇일까. 대법원 판결(94므1584)에 명시된 요건은 "당사자 간에 혼인 의사의 합치가 있어야 하고, 사회 관념상 가족 질서적인 면에서 부부 공동생활을 인정할 만한 생활의 실체가 있어야 한다"이다. 사회적 비난의 대상이 되는 중혼이나 동성결혼 등은 사실혼과 거리가 멀다.

국회예산정책처에 따르면, 2006년 이후 16년 동안 정부가 저출산 대응 예산으로 발표한 사업의 총예산 규모는 198조 5,329억 원(국비 기준)에 이른다. 하지만 출산율은 0%대에 머물고 있다. 왜 이런

'인구 절벽'현상이 심화하고 있는 것일까. 여러 요인이 작용하겠지만 결혼한 이들을 위한 지원책의 한계, 부동산 가격 급등, 노동시장의 불안정성을 빼놓을 수 없을 것이다.

그렇다고 결혼 적령기 젊은 층이 혼자 살지만은 않는다. 오피스텔 등에서 사실상 부부로 생활하면서도 혼인신고를 하지 않는 사람들이 적지 않다. 이른바 '사실혼 세대'이다.

이들은 사실혼을 둘러싼 부정적인 시각과 자신들이 낳을 아이들에 대한 우리 사회의 편견과 차별 때문에 자녀 출생을 꺼리기도 한다. 출산율을 높이기 위한 지름길 중의 하나는 우리 사회가 사실혼 가족 형태에 법률혼과 같거나 그에 준하는 혜택을 부여해 '결혼의 문턱'을 낮춰 주는 데 있지 않겠느냐는 생각이 든다.

이미 우리 사회에서도 사실혼과 법률혼의 차이를 좁히려는 시도는 이어지고 있다. 가사심판법은 '사실상 혼인관계 존부확인청구'를 통해 사실혼은 법률혼과 동일하게 재산분할청구가 가능하다고 명시하고 있다. 공무원연금법이나 국민연금법 등에서도 배우자의 범위를 사실혼까지 포함하고 있다.

그런데 이런 추세와는 반대로 세법은 사실혼에 이중 잣대를 적용하고 있다. 예를 들어보자. 세금회피 방지 차원에서는 사실혼과 법률혼을 동일시한다. 가령, 사실혼 배우자가 각각 1주택을 소유할 경우, 이들을 법률혼 가정으로 인식해 1세대 2주택자로 만든다. 그래야 더 많은 양도소득세를 받을 수 있어서다.

하지만 세금 공제할 때는 사실혼을 인정하지 않는다. 예를 들면 종합소득세 계산 시 사실혼 배우자라는 이유로 배우자 공제를 해주지 않고 있다. 상속이나 증여 시 배우자 상속공제(최소 5억 원에서 최대 30억 원, 생존 시 재산 이전의 경우에는 10년간 배우자 증여공제 6억 원)가 불가능하다. 앞뒤가 맞지 않는 속 좁은 이중 처사가 아닌가. 사실혼에도 공제를 해주는 것이 합리적이다.

이렇게 하기 위해선 세법에서 "사실혼이란 무엇이다"라고 하여 이를 명확하게 정의해야 한다. 이를 통해 사실혼에도 법률혼처럼 일관적이고 차별 없는 세법이 적용되어야 한다. 기존 결혼 질서 등에 문제가 된다면 앞서 언급한 대법원 판례의 사실혼 정의를 기초로 사실혼 배우자를 최대한 보호할 수 있는 방향으로 입법론적 · 해석론적인 고려가 이뤄져야 할 것이다.

이런 세법 적용이 쌓이면 우리 사회의 인구감소라는 큰 멍울을 해소해 잠재적인 납세자가 늘어날 수 있지 않을까 생각한다. 그야말로 일석이조인 셈이다.

(더스쿠프, 2023.2.10.)

4

ESG 경영과 세금

나그네의 외투를 벗기는 데는 강한 바람보다 따뜻한 햇볕이 효율적이다. 세금도 마찬가지이다.

우리나라 주식시장을 쥐락펴락하는 세력 중 하나는 외국자본이다. 이들의 투자 판단 기준은 무엇일까. 종전에는 '얼마나 버는가'에 대한 재무적 요소를 중시했다면 ESG 경영 시대에는 '어떻게 버는가'에 대한 비재무적 요소도 함께 고려한다.

ESG란 금융기관의 투자의사 결정시 해당 기업의 환경, 사회, 지배구조(Environment, Social, Governance : ESG) 이슈를 고려하도록 UN이 제정한 책임투자원칙(Principles for Responsible Investment : PRI)에서 나온 개념이다.

2006년 미국 뉴욕증권거래소에서 처음 발표된 PRI 원칙은 현재 세계 각국의 연기금(연금을 지급하는 원천이 되는 기금) 등 기관투자가들이 투자 여부를 결정할 때 ESG 평가를 반영하도록 이끌었다.

다시 말해 투자할 때 기업이 얼마나 돈을 많이 벌었느냐보다는 어떻게 벌었는지 등 인류의 보편가치를 얼마나 중시하였느냐를 보고 판단하겠다는 것이다. 아무리 이익이 많이 난 회사라 할지라도 환경오염이나 탈세 등을 하였다면 투자하지 않겠다는 것이다. 주가란 해당 주식을 사려는 자와 팔려는 자의 교차점에서 형성되기 때문에, 연기금이 외면하면 해당 기업의 주가는 내려가기 마련이다.

ESG와 투자를 연계하는 것은 옳은 일이다. 탈세를 일삼는 기업에 투자하는 공공자금은 그 사회적 책임을 다했다고 볼 수는 없기 때문이다.

하지만 ESG 평가를 위한 모델(문제지)을 만드는 것은 생각처럼 쉽지 않은데, 그 이유는 비재무적 요소를 계량화하여 측정하기 어렵기 때문이다. 미국이나 유럽에서 분야별로 평가모델을 제시하고 있으나 아직 세계적으로 통일된 평가모델은 없다.

반면 세금 분야는 상대적으로 계량화가 쉽고 국제적 통일 기준을 마련하는 것이 그리 어렵지 않다. 세금은 자본주의 국가의 핵심 주제이며, 2021년 7월 11일 OECD와 주요 20개국(G20)이 디지털세 도입을 합의한 것처럼, 이미 국제간 협력과 조화 경험이 많고 국제조세규범도 많기 때문이다.

ESG와 세금이 만나는 접점은 다음과 같다. 먼저 ESG의 E는 탄소세와 관련이 있다. 특히 2015년 제정된 파리기후협약은 UN회원국 모두에게 탄소배출 감축 방안을 지키도록 권고하고 있다. 탄소세 도입이 기업경영에 부담이 된다는 주장은 이제 설 자리가 비좁다. 기업의 매출액 대비 탄소세 납부 실적의 증감을 평가기준으로 제시할 수 있다.

ESG의 S는 사회적 약자 등을 돕기 위한 기부금 세제와 연관된다. 기업이 번 돈을 주주가 독식하는 것은 사회의 부익부 빈익빈 현상을 고착화하는 요인으로 작용한다. 따지고 보면 사회적 약자의 구매행위 없이 어찌 기업이 큰돈을 벌 수 있을까. 기업의 영업이익 대비 기부금 지출 증감을 평가 기준으로 제시할 수 있다.

마지막으로 ESG의 G는 기업의 납세의무 이행과 연결지을 수 있다. 탈세, 명의신탁, 분식회계, 자금세탁, 부동산 투기, 범죄수익 추구 등은 최대주주의 결단이나 암묵적 동의 없이는 불가능하기 때문이다. 사기나 부정한 행위의 빈도를 평가기준으로 제시할 수 있다.

모름지기 세무당국은 탄소세, 기부금, 탈세여부 등을 중심으로 만든 한국형 ESG 세금 평가모델(K-ESG TAX Model)을 제시하고 기업들로 하여금 이에 맞춰 경영을 하도록 지도하고, 상황에 따라 세제지원책도 마련할 필요가 있다.

그 이유는 과세관청의 인력으로는 모든 기업을 세무조사한다는 것은 불가능하고 행정비용도 많이 들기 때문이다. 기업 스스로 정직하게 장부를 하고 자발적으로 세금을 내게 하는 것보다 바람직한 것은 없다고 본다.

이솝우화에서도 나그네의 외투를 벗기는 데는 강한 바람보다 따뜻한 햇볕이 효율적이라고 한다. 과세관청이 납세자의 지능적이고 교묘한 탈세행위를 다 적발할 수는 없을 것이다. 오히려 세금관련 ESG 평가모델을 잘 만들어서 제시한다면, 탈세하려는 기업들도 그 방향을 바꿀 수 있다고 본다.

이는 마치 모의고사(한국형 ESG 평가)를 잘 준비하면 수학능력시험(외국기관투자자의 ESG 평가)에서 높은 성적을 거둘 수 있는 것과 같은 이치다. 우리 기업들은 ESG라는 국제공통의 교과서를 열심히 공부해 외국기업들과 실력을 겨뤄야 한다.

높은 평가를 받을수록 국내자본은 물론 외국자본이 몰려올 것이고 주가는 오를 것이다. 선진국에서는 분식회계 또는 탈세기업이라 낙인찍히면 해당 기업은 거의 망한다. 신뢰를 버리고 사회규범을 어겼기 때문이다.

ESG 경영은 돈만 아는 천민자본주의 병폐를 치유하는 좋은 처방이다. 우리 기업이 세계무대에서 우수한 성적을 얻을 수 있도록 시금석과도 같은 정치(精緻)한 세금 평가모델을 마련하고 국제기준으로도 채택될 수 있도록 노력하자.

생각이 있는 기업이라면 이런 평가모델에 터 잡아 투명경영을 지속적으로 추구하고 공정사회구현에 헌신하며 그 결과 성실한 납세의무의 길로 들어서게 된다. 그러면 주가 및 국격 상승은 덤으로 온다.

(아시아경제, 2021.7.23.)

5

상속세 존재 이유

상속세는 사회적 폭동이나 혁명을 막는 예방주사다.
내가 알고 있는 가장 가난한 사람은 돈밖에 없는 사람이다(존 D 록펠러, John D Rockefeller).

배우자는 한 몸이다.
따라서 남편(부인)의 재산 역시 부인(남편)의 재산이다.
여기에 상속세 부과 이유가 존재할 공간은 없다.

상속세는 죽음을 전제로 한다는 점에서 다른 세금보다 비장하다. "상속은 사망으로 인하여 개시된다"라는 민법(제997조) 조항처럼 사람의 호흡이 멎는 순간 그가 평생 애써 이룩한 재산이 순식간에 '남의 차지'가 된다. 죽은 자는 말이 없지만, 장례식장 상속인들 가운데에는 머릿속으로 열심히 자기 몫을 계산하는 사람도 있을 것이다.

'죽은 자의 코를 솜으로 막고, 손과 발을 꽁꽁 묶고 관에 못질하며, 그것도 모자라 땅속 깊은 곳에 묻는 이유는 죽은 자가 다시 살아나지 못하게 함'이라고 한 체코의 소설가 밀란 쿤데라(Milan Kundera)의 지적은 이런 상속자의 속내를 쉽고 적나라하게 표현한 것 같다(죽은 자가 살아나는 순간 그들이 공짜로 얻을 재산상속의 꿈은 물거품이 되기 때문이다).

세상살이가 힘든 것을 생각하면 상속재산은 절대 양보할 수 없다 고 생각하여 상속인들끼리도 분쟁이 많이 발생한다. 그런데 이토록 어렵사리 얻은 상속재산에 갑자기 국가가 끼어들어 일부를 상속세 명목으로 떼어간다고 하니 상속자들의 심사가 뒤틀릴 만도 하다. 그 심정은 충분히 이해할 수 있다.

이런 사람들의 마음을 간파한 일부 정치인들은 자주 상속세율을 인하하거나 아예 상속세를 폐지하자고 주장한다. 상속권(상속재산을 물려받을 권리)은 국가권력(상속세)이 침해할 수 없는 천부인권(天賦人權) 이라는 입장이다.

그러나 이들과 전혀 달리 생각하는 사람들도 많다. 용기가 있고 독립심이 강하며 정신이 올곧은 젊은이라면 부모 도움이 아니라, 자기 손으로 정정당당하게 돈을 벌어 부모세대보다 잘사는 것을 꿈 꿀 것이다.

이들은 '부모의 재산은 오로지 부모의 것' 이라고 생각한다. 따라 서 부모의 뜻에 따라 재산을 사회에 기부하든지 상속세로 국가에 환원하든지 상관하지 않는다. 못 배웠지만 어렵사리 돈을 모은 사람들이 자녀들에게 그 돈을 대학에 기부해도 좋으냐고 물어보았을 때, 대부분은 부모님 뜻대로 하시라는 말을 들었다고 하는 언론 기사를 자주 접한다.

이러한 태도는 "모든 인간은 동등한 인권을 부여받은 채로 태어나며 그들의 출발점이 비슷해야 한다"라는 영국 사상가 존 로크(John Locke)를 비롯한 자유주의 학파의 입장과 맥을 같이 한다.

우리나라 헌법 제119조는 국가로 하여금 '적정한 소득의 분배를 유지하도록' 하고 있어서 상속세를 폐지하거나 분배의 의미가 상실될 정도로 개정할 수도 없다. 헌법재판소도 "상속세 제도는 재산상속을 통한 부의 영원한 세습과 집중을 완화하여 국민의 경제적 균등을 도모하려는 데 그 목적이 있다"라고 판단하여 합헌 결정하였다(96헌바72).

따지고 보면 재벌이나 부자들이 형성한 상속재산에는 다른 집 자식들이 엄동설한에 휴전선을 지켜낸 부분도 있고, 산업화 세대와 민주화 세대들이 대한민국을 선진국가로 만들기 위해 흘린 피와 땀도 존재한다.

아무튼 우리나라는 법치주의 국가이므로 상속세법의 개정을 통해 상속세 부담을 낮출 수는 있을 것이다. 하지만 그 판단의 기준점에는 국가를 운영하는 데 필요한 재정에 대한 고려가 반드시 있어야 하며, 갈수록 심화하는 부익부 빈익빈 현상을 어떻게 치유하겠다는 방안이 있어야 한다.

상속세율을 낮추려면 이에 따라 발생할 세수입의 부족분을 어디서 보충할 것인가를 구체적으로 제시해야 한다. 그 대안도 없이 선거를 앞두고 상속세 완화나 폐지를 거론하는 것은 표를 얻기 위한 포퓰리즘(populism, 대중영합주의)이란 지적을 피할 수 없다.

상속세는 청년층이 사회생활을 시작할 때 그 '출발점의 평등'을 지향하고 있다는 점에서 다른 세목보다 훨씬 대중적이고 이념적인 세목이다. 100m 달리기 경주에서 누구는 출발선에 서 있고, 누구는 벌써 90m 지점에 가 있다면 이는 헌법에서 말하는 '공평'의 관점과는 한참 먼 얘기가 된다. 상속세를 통해 출발선의 기울어진 기울기를 바로 잡아야 한다. 공평이란 같은 것은 동일하게, 다른 것은 다르게 보자는 것으로 상속재산이 많으면 그만큼 세금 부담이 높아야 함을 의미한다.

헌법이 공평의 원칙(형편이 나은 자들은 세금을 더 많이 부담해야 한다)을 고수하는 한, 상속세 부담완화는 시기상조라고 본다. 계층 간 소득격차가 갈수록 커지고 있기 때문이다.

미국 제23대 대통령 프랭클린 루스벨트(Franklin Roosevelt)는 1929년 대공황 이후 심화되는 경제 불균형을 해소 목적의 누진유산세

(Revenue Act of 1935, 최고세율 75%)를 도입하기 위한 의회 연설에서 "우리나라를 세운 선조들이 정치적 힘의 세습을 거부했듯 오늘 우리는 경제적 힘의 세습을 거부한다"라고 역설했다. 그 나름의 공평의 잣대를 내세워 국민을 설득한 것이다.

사실 세계 각국이 폐지하려고 시도했던 것은 '불평등의 세습'이지 '부의 세습'이 아니다. 그런 면에서 부잣집 자식과 평범한 집 자식의 출발선을 '동일선상'에 놓으려는 상속세는 그 존재가치가 크기 때문에 상속세를 폐지해야 한다는 주장은 과한 측면이 없지 않다. 오히려 상속세는 더 효율적으로 운영할 방안을 강구하는 것이 합리적이다.

프랑스 경제학자 토마 피케티(Thomas Piketty)는 『자본과 이데올로기』에서 경제적 불평등을 해결하기 위해 사회 진출 출발선에 서 있는 청년층에게 그 나라 성인의 평균 재산에 60%에 상당하는 금액(1인당 12만유로, 약 1억 6,000만 원)을 자본금으로 지급하자는 주장을 하고 있다.

우리나라도 코로나19 사태를 겪으면서 소득 불균형이 더 심화되고 있어 이를 해결하지 않고서는 사회적 화합을 이루기는 갈수록 어려워지고 있다. 미국 작가 토머스 페인(Thomas Paine)은 "극도의 빈부가 교차하는 굴곡진 얼굴을 가진 사회에서는 극단적인 폭력이 자행된다"라고 말했다.

혁명이 일어나면 모든 것이 파괴되고 무너진다. 노블레스 오블리주 정신, 구약성서에 50년마다 빚을 탕감해 주었다고 적혀 있는 희년 제도(jubilee, 성경에 나오는 규정으로 안식년이 일곱 번 지난 50년마다 돌아오는 해), "1만석 이상의 재산은 사회에 환원하라"는 경주 최부자집 '육훈(六訓)'은 그런 폭력이나 혁명을 미리 막고자 하는 예방주사인 셈이다.

상속세를 둘러싼 논란과 갈등이 우리나라에서만 벌어지는 건 아니다. 미국에선 조지 부시(George Bush) 2세 대통령 시절인 2001년에 상속세를 폐지하려고 했다. 여기서 흥미로운 건 상속세를 사이에 둔 흑인 부자와 백인 부자의 관점이 크게 달랐다는 점이다. 흑인 부자들은 "상속세는 이중과세일 뿐만 아니라 최근에야 재산을 좀 모은 흑인 부유층에게 절대 불리하므로 폐지해야 한다"라고 주장했다.

이와 달리 백인 부자들은 "상속세 폐지는 부익부 빈익빈의 사회구조를 더욱 심화하고, 상속세 절세를 위해 자선단체에 돈을 내는 기부문화도 쇠퇴시킬 것"이라며 폐지에 반대했다. 어쨌거나 수많은 논의와 개정을 통해 미국 상속세는 현재 살아남아 있다.

OECD 회원국 중 상당수는 상속세 대신 양도소득세(자본이득세)를 부과한다. 그렇다면 상속세를 부과하는 우리나라와 무엇이 다를까. 사례를 통해 살펴보자. A는 2000년 10억 원을 들여 부동산과 주식을 샀다. 그는 2020년도에 사망했는데, 부동산·주식의 평가액은 50억 원으로 늘어난 상태였다. 이 재산을 자녀 B가 상속했고, B는

2030년 100억 원에 부동산과 주식을 모두 양도했다. 우리나라는 A가 사망한 2020년 그의 재산 50억 원에 상속세를 부과하고, 2030년 B에게 양도소득세를 부과한다.

반면 캐나다·호주 등 상속세가 없는 국가에선 2020년 사망한 A가 재산을 양도한 것으로 판단해 양도소득세를 부과한다. 스웨덴처럼 2030년 B가 양도할 때야 비로소 양도소득세를 부과하는 나라도 있다. 이 방식은 기업을 물려받아도 팔지 않으면 세금 부담이 없다는 장점이 있다. 어쨌거나 OECD 회원국들에는 상속세가 아예 없다는 설득력이 없다. 상속세란 이름이 아닌 양도소득세로 거둘 뿐이다.

불평등은 사회 결속력을 약화시키고 구성원의 지위 불안과 스트레스를 심화시킨다. 그렇다고 모두가 같은 평형의 아파트에서 살자는 이야기는 아니다. 모든 사람이 인간다운 생활을 하는데 기초적으로 필요한 것에 대해서는 '필요한 만큼 나눠줘 저마다 쓸 만큼'의 혜택을 주는 재원을 마련하자는 것이다. 절대적 평등이 아닌 상대적 평등은 지속돼야 한다. 부자가 누리는 부와 재산에는 가난한 자들의 눈물과 한숨도 섞여 있다.

나라 살림 밑천인 세수입의 상당 부분은 기업에서 나온다. 그래서 기업이 국제경쟁력을 유지할 수 있도록 세제가 운영될 필요가 있다는 주장은 경청할 만하다. 반면 기업의 지배구조 안정과 상속인이 부담하는 상속세는 구별돼야 한다. 상속세 납부로 흔들릴 수 있는 기업 지배구조 문제는 세법 차원이 아닌 상법에서 차등의결권제도 등을 통해 해결해야 한다. 그리고 상속인이 부담하는 상속세의 연부연납 기간도 현행 최고 20년을 상속세액에 따라 차별적으로 좀 더 늘려줄 필요는 있을 것이다.

우리나라 상속세 최고세율이 50%로 높은 건 사실이다. 일본만 55%로 우리나라보다 높을 뿐 미국(40%), 프랑스(45%), 영국(40%)은 모두 40%대다. 하지만 상속세가 소득세의 보완 역할을 한다는 측면에서 보면 세율이 높다는 지적을 하기 전에 여러 가지 고려할 요소가 많다.

미국 등의 국가에선 연간 사망자(피상속인)의 2%가 상속세 과세대상이란 점을 감안하면, 연간 부동산 가격의 상승으로 피상속인의 과세대상이 약 6%로 늘어난 우리나라도 물가인상을 반영한 상속공제액 등을 상향 조정할 필요가 있다(우리나라와 OECD 회원국의 상속세를 비교할 때 의미있게 살펴야 할 지점은 유산세냐 유산취득세냐 또는 상속세냐 자본이득세냐의 논쟁보단 상속세 납세의무자 비율이라는 게 필자의 판단이다). 미국의 상속 공제금액은 대략 1,000만 달러다(약 130억 원).

상속세를 두고 고려해야 할 것은 또 있다. 배우자가 재산을 상속할 때 세금을 매기느냐의 여부이다. 부부는 함께 노력해 재산을 형성하는데, 당사자인 배우자가 상속한다고 해서 상속세를 내라는 건 앞뒤가 맞지 않는다(프랑스는 배우자 상속분에 대해 상속세에 대해 상속세를 과세하지 않는다). 그런데 몇 년 뒤 그 배우자가 사망해 다시 그의 자녀가 상속할 때 그 자녀는 또 상속세를 부담해야 하는데 이 점이 이중과세의 문제보다 더 심각한 지점이다.

현행 세법은 세대를 건너뛴 상속(할아버지 재산을 손자에게 상속)에는 30% 할증 과세를 한다(상속세 및 증여세법 제27조). 이런 논리로 보면 세대를 건너뛰지 않는 배우자 상속은 비과세하거나 할인 과세를 하는 게 합리적일 것이다. 이는 혼인율과 출산율을 높이는 데도 일조할 듯싶다.

(아시아경제, 2016.10.26.; 2020.2.11.; 2020.11.20./ 더스쿠프, 2023.11.25.; 2024.2.5.)

6

춘향이 눈물이 지닌 함의(含意)

고액 현금을 장롱 속에 쌓아둔 자와 춘향전의 변학도가 차이가 있을까?

조선시대 소설 중 가장 많은 사랑을 받고 읽히는 작품은 아무래도 춘향전일 것이다. 지금도 이 작품은 소설을 뛰어넘어 뮤지컬, 영화, 드라마 등 다양한 장르로 끊임없이 재창조되고 있다. 시대를 초월해 계속해서 관심을 끄는 것은 무슨 연유일까?

아마도 양반과 상민, 암행어사와 시골 수령 등 대립적 구성요소가 독자들로 하여금 긴장감과 상상력의 바다에 빠지도록 하고 있기 때문이리라. 이를 통해 당시 민중은 삶의 억압에서 잠시나마 벗어날 수 있었을 것이다.

춘향전 전반부는 사실(fact)일 개연성이 높다. 지체 높은 가문 도련님과 기생 딸이 엮어내는 사랑 이야기는 당시 사회 분위기로 보아 매우

가능하다. 오늘날에도 재벌가나 권력가의 바람기 있는 아들과 시골 처녀의 순진한 사랑은 무궁무진한 얘깃거리를 쏟아내고 있지 않은가.

하지만 후반부 사건은 그 개연성이 떨어진다. 춘향에게 정신이 팔린 이몽룡이 한양으로 올라가 냉큼 1년 만에 장원 급제하고, 바로 그 해 암행어사로 내려오는 것이 그렇다. 예나 지금이나 고시 합격은 어려운 법. 설사 1년 만에 장원 급제를 했더라도 암행어사 직책을 받기에는 10년은 족히 걸렸다.

소설은 다큐멘터리가 아니므로 작가의 역량과 사상적 깊이에 따라 사실관계를 뛰어넘는 이야기 구성이 가능하다. 다시 말해 작가가 살았던 시대의 아픔과 이를 극복하고자 하는 철학적 사고가 작품에 묻어난다. 춘향전에 나타난 시대의 아픔을 현재 우리네 모습과 대비해보면 몇 가지 시사하는 점이 있다.

첫째는 양반과 상민으로 구별되는 신분 체계에 대한 극복 열망이다. 춘향이 아무리 한 남편만 섬기는 일부종사(一夫從事)를 했다고 하여도, 기생 딸이 사대부 집안 자제의 정실부인이 된다는 것은 당시 제도가 허락하지 않았다.

생각해 보라. 사랑하는 여인을 버릴 수 없어 국왕 지위를 포기한 영국 윈저 공작(Duke of Windsor)의 경우를 보면 사회제도가 얼마나 무서운지 알 수 있다. 우리나라 헌법은 "모든 국민은 법 앞에 평등하며 …사회적 특수계급의 제도는 인정되지 아니하며, 어떠한 형태로도 이를 창설할 수 없다"라고 규정하고 있다(제11조).

따라서 조선시대 500년 동안 내려온 양반과 상민 제도는 존속하지 않는다. 그럼에도 불구하고 요즘 재벌이나 권력가들은 그들끼리만 혼인관계를 맺는다고 한다. 평민이 범접하기 어려운 그들만의 새로운 신분체계를 꿈꾸는 것은 아닌지 걱정스럽다.

둘째는 부정부패에 대한 고발이다. 변학도가 자신의 생일날 그처럼 매우 푸지게 생일상을 차릴 수 있었던 것은 나라 세금을 훔쳐서 한 짓이다. 당시 세제는 지방 수령이 세금을 징수해 일부만 그 고을에서 사용하고 나머지는 중앙정부인 왕실에 상납하는 방식이었다. 세금은 논과 밭의 수확량을 근거로 부과되는데, 이를 조작해, 풍년임에도 흉년이라 보고하고는 그 차액을 착복한 것이리라.

요즘 말로 하면 세원(稅源)을 노출하지 않거나 이중장부를 한 꼴과 같다. 그런데 현대판 변학도가 주변에 넘친다. 가장 흔한 예가 집 근처에 은행이 있어도 굳이 장롱 속에 현금을 몇억 원씩 숨겨놓는 정치인이나 고위 관료들이 바로 그 좋은 예다. 예나 지금이나 부정한 돈을 탐하는 버릇은 여전한가 보다.

마지막으로 새로운 복지사회 추구다. 이몽룡이 거지 차림을 하고 변학도 생일 잔칫상에 가서 밥 한술 먹기를 청하자 변학도가 공짜는 없다면서 운(韻)을 띄울 테니 시라도 한 수 지으라고 한다. 제시된 운은 '기름 고(膏)'와 '높을 고(高)'자다.

이에 이몽룡은 "옥쟁반의 기름진 안주는 만백성의 기름(膏)이고, 노랫소리 높은 곳에 원망소리 높더라(高)"는 시를 지어 그의 간담을 서늘케 한다. 당시 민초의 고달픈 생활상이 고스란히 노정돼 있다. 그 무렵에도 소득의 양극화가 극심했던 것이다.

시장경제주의와 신자유주의가 경제를 주도할수록 빈부 격차는 심해진다. 즉 부자는 더 부자가 되고 가난한 자는 더욱 가난해진다고 한다. 자본주의의 속성이다. 그 과정에 세금이 개입하지 않으면 부익부 빈익빈 현상은 더 굳어지고 이는 사회불안 요인으로 작용한다.

그러나 우리나라뿐만 아니라 대부분의 나라에서 부자들은 입법권을 지닌 국회를 장악하여 본인들에게 유리하도록 세법을 제정하거나 개정하고 있음을 주지의 사실이다.

예나 지금이나 세금이 문제다. 춘향이가 눈물을 흘리는 것을 더 이상 보지 않기 위해서라도, 국회와 정부는 뱀처럼 지혜로운 해결 방안을 찾을 필요가 있다.

(아시아경제, 2012.12.31.; 2020.2.11.)

7

코로나19와 자가격리 경험

자유와 세금은 동전의 양면이다.

코로나19로 모든 국경이 폐쇄된 시절이 있었다. 모든 나라가 국경을 봉쇄하고 있었는데, 다행히 프랑스는 한국의 방역 관리 및 조치가 우수하다고 하여 2020년 7월부터 한국에 대해 예외적으로 문을 열었다.

딸의 출산 소식이 있어 독한 맘을 먹고 출국했다. 입국심사가 까다롭겠지? 그런데 웬걸, 한국의 군사작전과 같은 방역 관리와는 달리, 출국하는 비행기 안에서 받아본 질문지에는 열이 나는지와 연락처를 적어내는 정도였다. 도착지인 파리 샤를 드골 공항에서는 그 흔한 열 체크는 물론 별도 검사도 없었다. 길거리 사람들도 대부분 마스크를 착용하고 있지는 않았는데 이래도 되는가 싶은 정도였다.

갓 태어난 귀여운 외손녀와 짧은 만남을 뒤로 하고 귀국 길에 올랐다. 각종 검사기록을 받아 국적기 비행기 안에 올랐으나 공기가 싸했다. 파리 공항을 이륙하기도 전에 특별검역신고서 등 여러 서류를 작성하란다. 아직 프랑스 영내임에도 불구하고 파리 공항의 국적기는 마치 군대 시절 점호시간과 같은 엄숙함과 비장함이 묻어난다.

비행 중 좌석 이동도 하지 못하게 한다. 걱정스러운 맘을 간직한 채 인천공항에 도착하니, 경찰은 물론 군인까지 나와 이런저런 입국심사를 몇 시간에 걸쳐 시행한다. 그러고선 집에 갈 때도 정부가 지정한 택시를 타고 와야만 했다.

집에 바로 들르지도 못하고 집 근처 보건소에서 검진도 받았다. 그러곤 2주간 자가격리에 들어갔다. 며칠 뒤 구호 물품이 문 앞에 배달됐다. 국민 질병을 관리하는 공무원과 의료진의 헌신과 수고가 느껴진다. 세금 낸 보람을 느꼈다.

자가격리는 절대 쉽지 않았다. 스스로 격리해 집 문밖으로 한 걸음도 못 나가는 고통은 혹독한 시련의 연속이었다. 이런저런 상념에 잠겨있는데 휴대전화에 "위치 추적이 되지 않습니다"라는 붉은색 메시지와 함께 경고음이 요란스럽게 울려댔다. 담당 공무원에게 연락하겠다고 겁주는 글과 함께. 집에서 꼼짝하지 않고 있었다며

항의하니 휴대전화를 껐다가 다시 켜라고 한다. 찜찜했다.

그리고 들려오는 일부 의료진의 치료 현장 이탈 소식. 사실 국립이든, 사립이든 의대에도 상당한 세금이 지원된다. 우리 사회가 의료인의 헌신과 희생을 믿기 때문이다. 정부의 정책 추진이 불합리해도 그렇지, 환자 진료를 외면하는 의료인을 이해하기는 어렵다. 의사가 될 때 서약한 "환자의 건강과 생명을 첫째로 생각하겠노라"라는 히포크라테스(Hippocrates) 선서는 헛된 맹세였단 말인가. 갑자기 그동안 낸 세금이 아깝다는 생각이 들었다.

그리고 몇 년이 지난 2024년, 의사 정원을 둘러싼 정부와 의사단체 사이의 갈등을 보면 참담한 생각이 든다. 2020년 분쟁과 같은 이유가 반복되는 것은 우리나라 사회구성원의 의식 수준이 지난 4년 동안 한 발짝도 나아가지 못했다는 의미다. 쓸쓸하다.

예수는 안식일에 환자를 치료했다는 이유로 고발돼 십자가에 달렸다. 그런데 다른 대학도 아니고 예수의 정신을 따르겠다는 대학이 배출한 의사마저 환자를 외면한다면 우리는 어디서 희망을 찾을 수 있나. 해당 대학교수들 말도 거의 들리지 않는다. "침묵하는 것은 동의한 것으로 간주한다(Qui tacit consentire videtur)"라는 법률 격언이 떠오른다.

프랑스에서 의사로 있는 딸이 출산 휴가를 마치고 병원으로 복귀

하는 날, 아비로서 코로나 감염이 걱정돼 육아휴직을 1년 더하면 안 되겠냐고 조심스레 운을 뗐다. "환자가 의사를 기다리고 있고, 은퇴한 의사도 소집되어 치료하고 있다"라며 아비 걱정은 안중에도 없이 뒤도 안 돌아보고 쌩하니 출근해 버린다.

자유는 방종이 아니고 거저 주어지지도 않는다. 남의 생명을 존중해야 하는 의무도 주어진다. 특히 의사, 군인, 경찰 등 제복을 입은 자들일수록 더욱 그렇다. 이들의 작은 일탈에도 사회적 비난이 큰 것은 이들에 대한 믿음이 그만큼 크다는 방증이다. 이 믿음 때문에 납세자들은 군말 없이 세금을 낸다.

다시는 자가격리를 당하고 싶지 않다. 앱으로 감시당하며 내 자유의지가 시험당하는 것도 싫다. 인간 본연의 자유를 누리고 싶다. 국가재정이 부실해지면 코로나 방역이 어려워지고 국민 생명과 자유가 위협받는다.

이런 점에서 보면, 자유는 세금의 토양에서 자라고 있음을 알 수 있다. 자유와 세금은 동전의 양면인 셈이다. 국민 각자 자기 위치에서 서로에 대한 믿음을 저버리지 않는 행동과 실천이 필요한 시점이다. 그렇게 하면 대한민국은 선진국이 된다.

(시사저널, 2020.6.19./ 아시아경제, 2020.9.11.)

8

기부를 유도하는 세제

"신부님, 저를 체포해 주십시오. 저는 도둑놈입니다." 프랑스 작가 빅토르 위고(Victor Hugo)의 역작 '레 미제라블(Les Misérables, 비참한 사람들)'에 나오는 대사다. 소설 속 주인공 쟝 발장(Jean Valjean)이 회심하게 된 결정적 동기는 미리엘(Myriel)의 용서보다는 소년 프티 제르베(Petit-Gervais)가 떨어뜨린 동전 한 닢을 발로 밟아 훔쳤던 사건이 아닌가 싶다.

은식기 절도 행위를 용서받고서도 그보다 훨씬 하찮은 어린아이의 코 묻은 돈조차 탐하는 모습을 보면서, 이성보다 본능이 앞선 자신에게 스스로 치를 떨었을 것이다. 그리고 '나는 도둑놈'이라고 절규한다.

우여곡절 끝에 쟝 발장은 사업가로 변신해 막대한 돈을 번 뒤, 1830년대 7월혁명의 격동기에 태어난 고아 코제트(Cosette)에게 모든 재산을 기부하고 세상을 떠난다. 소설을 세금의 관점에서 다시 읽어보면, 돈 때문에 죄수가 된 쟝 발장은 기부라는 행위를 통해 돈을 버림으로써 지고지순의 경지에 도달하는 구원의 길로 접어든다.

도둑 쟝 발장의 뒤를 집요하게 뒤쫓는 자베르(Javert) 경감에서 보듯 당시는 경찰국가 시절이었다. 세금의 역할은 미미했다. 코제트의 모친인 거리의 여인 팡틴느(Fantine)의 구차한 삶을 국가가 어찌 구해줄 방도가 없었다.

반면 지금 우리가 사는 시대는 경찰국가 수준을 넘어선 복지국가다. 국민의 기본적 복지와 행복 추구를 국가가 책임져야 한다. 코로나19 진단과 치료비를 국가가 부담하는 것이 그 대표적 사례다. 그래서 헌법재판소는 현대를 '세금국가'라고 단언한다.

세금국가에서 세금의 위력은 가히 상상을 초월한다. 예를 들면, 연간 소득이 100억 원인 사람이 20억 원을 사용하고 80억 원은 저축했다고 하자. 현행 세제는 소득세 45%와 부가가치세 10% 및 상속세 50%를 부담하도록 설계되어 있다. 단순하게 세율만 곱해 계산하면 소득세 45억 원(100억 원×45%)과 부가가치세 2억 원(20억 원×10%) 및 상속세 16억 원〔(100억 원-소득세 45억 원-소비액 20억 원-부가가치세 2억 원)×50%]을 낸다. 100억 원을 벌었지만 세금을 내고 나면 결국 17억 원밖에 남지 않는다. 시쳇말로 3대를 못 가서 100억 원 대부분은 국가에 귀속되고 만다.

돈을 사랑하는 것이 모든 악의 뿌리라는 것은 작금의 n번방 사건 (2018년 하반기부터 2020년 3월까지 텔레그램, 카카오톡 등등의 메신저 앱을 이용하여 피해자들을 유인한 뒤 협박해 성착취물을 찍게 하고 이를 유포한 디지털 성범죄, 성 착취 사건이다) 관련자들을 통해서도 입증된다.

이런 점을 인지하는 이성적 인간이라면 정직하게 세금을 내고 남은 돈은 본인의 뜻대로 좋은 곳에 사용하고 싶은 생각이 들 것이다. 그게 기부금이다.

그런데 우리나라에선 재벌기업(법인)의 기부는 일부 있지만 재벌 (개인)의 기부금은 미미하다. 바람직하지 않다. 법인기업의 주인은 주주이지 재벌이 아니기 때문이다. 개인의 주머니에서 나온 기부금이 진정 의미가 있다.

코로나 병균은 빈부귀천을 가리지 않고 침입한다. 따라서 이를 막는데 무엇보다도 사회적 연대와 성숙한 시민의식이 긴요하다. 연대 (連帶)란 어깨동무의 또 다른 표현이고 기부행위가 표징이 될 수 있다. 본질상 종속된 것(돈)은 주된 것(인간)의 본성을 따르는 것이 합당하다. 하지만 이 연대의 고리는 어디까지 확장되어야 할까? 우리나라에만 적용할까 외국까지 적용할까?

최근 김구 선생 후손들이 낭패를 봤다. 자신들의 재산을 미국 하버드대학교에 기부했는데, 그 대학이 국내에 공익법인으로 등록돼 있지 않다는 이유로 상속세와 증여세를 추징당한 것이다. 재산의 해외도피를 방지한다는 이 규정의 취지는 이해할 수 있다. 하지만 좀 더 유연한 해석은 불가능했을까. 우리나라 상속세와 증여세법 체계가 '절대적 평등주의'를 지나치게 고집하고 있는 건 아닐까.

아프가니스탄 탈레반 정권은 "여성들의 대학 교육은 필요하지 않다"며 여대생의 대학캠퍼스 출입을 막았다. '내일부터 학교등교 금지'란 말을 듣고 울부짖는 여대생들의 모습을 보면서, 총으로 무장한 한 줌도 안 될 것 같은 정치세력이 인구의 절반이나 차지하고 있는 여성의 미래와 희망을 이렇게 쉽게 망가뜨릴 수 있다는 생각이 떠올라 전율을 느꼈다.

'총으로 무장한 한줌도 안 될 것 같은 정치세력이 인구의 절반이나 차지하고 있는 여성의 미래와 희망을 이렇게 쉽게 망가뜨릴 수 있구나.'

탈레반은 왜 이토록 여성에게 잔혹한가. 이는 오도된 법률 해석에서 시작된다. 주지하다시피 무슬림 국가를 지배하는 규범은 '샤리아'율법이다. 여기엔 "여성은 남성의 절반에 해당하는 재산 상속권

이 있다"는 조문이 있다.

일반적으로 'A=B다'란 법조문은 'A라는 법률 요건이 갖춰지면 B 라는 법률 효과가 주어진다'는 뜻으로 해석한다. 당연히 '샤리아'율 법의 재산 상속권 관련 조문은 여성을 폄하할 근거 규정이 아니다. 그런데 탈레반은 '절반'이라는 단어에 집착한 나머지, 여성이 남성 의 절반에 불과하므로 굳이 고등교육을 받을 필요가 없다는 억지 해석을 내렸다. 다시 말해 〔여성은 남성의 절반에 해당하는 상속권 이 있다〕 → 〔그래서 여성은 어딘가 부족하다〕 → 〔따라서 교육을 받을 필요가 없다〕라는 궤변의 공식을 도출한 것이다. 이런 해석은 머리 나쁜 종교인이 할 수 있는 것이다. 머리가 비상하고 영리한, 이 슬람교도가 아닌, 그저 종교인이나 그 종교집단이 했을 것이다(다른 종교에 이와 별다른 차이가 있을까 싶다).

하지만 이 조문의 역사를 보면 남성 주도의 사회에서 여성을 배려 하고자 하는 취지로 당시로선 가히 혁명적이고 개혁적인 발상이었 다. 마호메트(Mahomet)가 살아있다면 가슴 치고 통곡할 일 아니겠는가.

이번엔 시각을 우리나라로 돌려보자. 여기 아프가니스탄 여성을 돕기 위해 기부를 하고자 하는 A씨가 있다. 그에겐 어떤 세법을 적 용하고, 그 세법은 어떻게 해석해야 할까.

'상속세 및 증여세법' 제4조의 2는 "수증자(受贈者)가 비거주자(비영

리법인 포함)인 경우, 증여세 과세대상이 되는 국내에 있는 모든 증여재산에 대해 증여세 납세의무가 주어진다."라고 규정하고 있다. 이 조문의 취지는 국내 거주자가 재산을 받으면 증여세를 납부하므로 비거주자도 재산을 받으면 납부하는 게 평등하다는 것이다.

이 조문을 문언대로 해석하면 국내 종교단체가 해외에 구호 금품을 전달하는 경우까지 증여세 과세대상이 될 수 있다는 의미다. 이에 따라 A씨의 기부를 받은 아프가니스탄 여성이나 구호기관(수증자)은 우리나라 세법에 따라 증여세를 내야 하고 이들이 증여세를 못 낼 경우, 기부자(증여자)가 해당 증여세를 부담한다.

김구 선생 후손들의 하버드대 기부금 판결 취지는 이해할 수 있다. 그렇지만 한국전쟁 이후 외국으로부터 받은 기부금 덕분에 한국 대학이 이만큼 성장했다면 이젠 한국인이 외국 대학에 기부하는 것도 국내 대학과 동일하게 처리해야 하는 것이 아닌가 싶다. 그렇지 않다면 남성만 대학교육을 받을 권리가 있다는 탈레반의 샤리아 해석과 뭐가 다를까.

우리나라도 한때 어느 이름 모를 골짜기에서 강도를 만나 사경에 빠진 환자가 된 처지에 있었다. 일제 강점기가 그랬고 6.25 동란 때도 그랬다. 그때 외국의 수많은 착한 사마리안들의 기부 덕분에 지금 우리가 있지 않을까. 그런데 먹고살 만한 처지에 있는 우리는 그 착한 사마리아 사람 역할을 외면하겠다? 몰염치도 이런 몰염치가 없다.

우리가 강도를 만났던 시절 외국의 착한 사마리아인 때문에 살았듯이, 이제는 누구의 착한 사마리아인이 되어야 한다는 당위(當爲)는 배운 자와 가진 자의 숙명이다. 이럴 요량이 없다면 학문할 필요가 없다.

세법 조문은 과세관청의 세수확보 목적이 아니라 성실한 납세자를 위해 엄격하게 해석해야 한다. 합리적인 이유가 없는 한 유추해석이나 확장해석을 해선 안 되고, 필요한 경우엔 합목적적으로 해석해야 한다(대법원 2007두4438판결). 그 합목적적 해석의 전거(典據 : 규칙이나 법칙으로 삼는 근거)는 두말할 나위가 없이 '인류의 보편적 가치 추구'에 있을 것이다.

사회 규범을 갈고 닦아야 할 자들이 해석 권한을 무리하게 행사할 때 사회는 정체하고 퇴보한다. 율법이 잘못된 것이 아니라 특정 집단의 이익에 함몰된 해석을 하는 율법주의자가 사회에 더 해로운 존재다. 국고를 건전하게 유지하는 건 매우 중요하지만, 그렇다고 모든 것을 국고로 귀속해야 한다고 생각하고 해석하는 국고주의자 역시 율법주의자 못지않게 해롭다.

세금이 과부와 고아 등 사회적 약자에게 각별한 관심을 가져야 하는 건 인류의 보편적 가치이며 헌법적 요구이기도 하다. 그렇다면 이들을 위한 구호나 교육·질병치료 목적의 기부행위엔 세법이 과감하게 문을 열어둘 필요가 있다. 이는 국격에 관한 문제이다.

그 대신 기부를 세금(조세)회피나 탈세의 수단으로 삼는 행위는 지금보다 더 엄격한 규정으로 엄단해야 한다. 인류 보편적 가치추구와 반대 방향이기 때문이다. 악화가 양화를 구축해선 안 된다.

빌 게이츠(Bill Gate)나 워런 버핏 (Warren Buffett) 등 미국의 대재산가들이 아낌없는 기부를 하는 배경에는 기부를 유인하는 세금제도가 있다(기부하면 할수록 그들이 내야 하는 소득세나 상속세는 기부액에 비례하여 줄어든다).

우리나라도 개인의 기부행위가 활성화되도록 세제개선을 적극 검토하여야 한다. 고아원이나 양로원 운영을 세금으로 할 수도 있지만 개인의 기부금으로도 할 수 있지 않은가. 효율로만 보자면 후자가 전자보다 더 우월할 듯싶다. 하고 싶어서 하는 것이니까. 우리 민족은 본디 착하고 올곧은 심성을 지녔다. 쟝 발장처럼 "나는 도둑이다"라고 고백하고픈 사람이 적지 않다.

(아시아경제, 2020.3.27./ 더스쿠프, 2023.1.23.)

9

월드텍스(worldtax)와 경제정의

그들 중에는 생활이 어려운 사람이 아무도 없었다(사도행전 4:34).

세금은 국가가 세법에 따라 개인의 재산을 합법적으로 거두어 가는 유일한 장치이다. 세법을 기계적·산술적으로 하는 법해석 측면과 세무행정 측면에 대해서는 많은 분석과 연구가 있다.

그런데 세금을 왜 거두어야 하는지와 그 방향성에 대한 고민은 상대적으로 희박하며, 설사 있다고 하여도 자국의 과세권 확보 문제에 몰두하지 이를 세계 각국 모두에 적용하여, 전 세계적으로 경제를 진작시키려는 시도는 거의 없다.

살피건대, 어느 개인의 부를 축적하는 과정에는 수많은 개인이나 집단들의 희생이 없이는 이루어질 수 없는 것처럼, 나라 사이의 관계도 이와 유사하다.

따라서 선진국이 현재와 같이 부를 누리고 있는 것은 후진국의 희생이 뒷받침되었기에 가능한데, 그 결과 개인 사이에서 발생하는 부익부 빈익빈 현상이 나라 사이에도 발생하고 있다.

삼성 휴대전화나 현대 자동차가 아프리카에서 팔릴수록 한국의 GDP는 올라가지만, 정작 소비국인 아프리카에서는 이 과정에서 발생하는 소득에 대해서는 국제과세의 규범상 과세하지 못한다(국제 조세 규범에 따르면 소비국인 아프리카에 삼성이나 현대의 지점이 있고 그 지점을 통해서 사업을 하는 경우 그 지점의 소득에 대해서만 소비국에서 과세하나, 지점이 없으면 과세조차 할 수 없다).

이들 기업의 거주국인 우리나라에서 대부분 과세하고 있으며, 겨우 소비세 정도가 소비국에서 과세될 뿐이다. 예를 들어 원가 50만 원의 휴대폰이 아프리카에서 150만 원에 팔릴 경우, 그 차액 100만 원에 대해서는 한국에서 법인세로 과세하나(100만 원 × 22%(법인세율을 22%로 가정) = 22만 원), 아프리카에서는 이에 대해 과세하지 못하고 150만 원에 소비세율을 적용한 소비세만 과세한다는 것이다(150만 원 × 10%(소비세율 10%로 가정) = 15만 원).

그러나 따져보면 소비세액 15만 원은 그 나라 사람이 부담하는 돈이지 한국이 지급하는 돈은 아니다. 이래서 소비국은 한국에게 물건값을 주고는 세금을 부과하지 못하고 있는 것과 같다. 거주국이 소비국에게 소득에 대한 과세권을 양보하지 않는 것은 국제조세

규범상 어렵도록 되어 있다. 세금도 정치의 영역이어서 힘의 논리가 작용하며, 이는 국가간 국제거래에도 마찬가지로 작동한다. 이를 어떻게 시정할 것인가?

좋은 예가 있다. 공항세가 바로 그것이다. 인천공항의 공항이용료(공항세)는 인천공항에 직접 내는 것이 아니라 시중에 판매되는 항공권에 포함되며, 해외로 출국하는 사람들은 공항이용료 28,000원(국제여객 항공이용료 17,000원 + 출국납부금 10,000원 + 빈곤퇴치기여금 1,000원)을 부담한다. 이 제도는 2006년 프랑스에서 연대세(Taxe de Solidalité)라는 이름으로 처음 도입되었다.

우리나라는 2007년부터 개발도상국들의 빈곤·질병 퇴치 지원을 목적으로 한국에서 출발하는 국제선 탑승객에게 1천 원의 기여금을 부과하는 '국제빈곤퇴치기여금'을 운용해 오고 있다. 이 기여금은 항공권에 일정 금액을 부과해서 조성된 기여금을 재원으로 활용하는 '항공권연대기여금(air-ticket solidarity levy)'으로 현재 프랑스, 칠레 등 10개 국가에서 도입, 운용 중이다.

그런데 지금은 「국제질병퇴치기금법」 제정에 따라, 2017년 1월부터 '국제질병퇴치기금'이라는 이름으로 바꾸어 운용하고 있다. 2023년 12월까지 약 4,250억 원이 조성되어 질병 부담이 높은 개발도상국 질병퇴치사업 지원에 4,209억 원이 집행되었다(KOICA 홈페이지).

이를 세금에 응용하여 '월드텍스(worldtax)'라는 세목을 만들고, 이 세목이 한국에서만 과세하는 휴대폰 판매이익 100만 원에 대해 소비국인 아프리카에서도 일부 과세하도록 하자는 것이다. 이렇게 하면 아프리카도 경제발전을 위한 세원도 마련할 수 있을 것이고, 이를 통해 다시금 국제간 거래가 활성화되어 모두가 승자가 되는 상생(win-win)으로 나타날 것이다.

현재 선진국이 쌓아 놓은 부의 상당 부분은 후진국의 희생이 뒷받침 없이는 형성이 어려웠다고 본다면, 후진국의 경제발전은 선진국의 경제 수준 유지에 도움이 되는 구조가 된다. 그 반대의 경우에는 후진국의 수요감소로 인해 선진국의 수출이 줄어들 것이며 이는 선진국의 경기 후퇴로 이어진다.

왜 선진국의 부(富)를 후진국과 나누어야 하는가? 여러 가지 주장이 가능하지만, 필자는 '공평'과 '관용'이라고 생각한다. 공평(公平, equity)의 사전적 의미는 '어느 쪽으로도 치우치지 않고 고름'이다. 세금 분야에서는 공평이라는 단어와 세금을 조합하여 세금(조세)공평부담의 원칙 또는 세금(조세)공평주의라는 용어를 사용하고 있다.

이는 과세대상자에 따라 세금부담이 달라지는 상대적인 공평을 의미하는 바, 이는 소득·재산 등의 경제적인 능력(담세력)에 따라 세금을 부담하여야 한다는 것이며 이를 확대하여 국가 사이의 관계에 적용하자는 것이다.

그렇다고 해서 모든 사회구성원이나 국가의 경제적인 부를 모두 모아놓고 이를 1/n로 나누자는 절대적인 평등 주장은 월드텍스의 존재 목적과는 맞지 않는다. 가장 우선되어야 하는 것은 인류 사랑이라는 보편적인 가치관이다. 절대적인 공평 논리를 추구하자는 주장은 이미 실패한 공산주의의 궤도를 다시 가보자는 주장과도 유사하다.

그 반대로 세상에는 가진 자가 먼저 가질 수밖에 없고 더 많이 가질 수밖에 없다는 '번영논리'도 배척되어야 한다. 이런 흐름이 지속되면 결국 인간사회는 혁명이나 폭동 또는 전쟁으로 이어져서 체제를 붕괴시키기 때문이다.

인간은 그리 순하지도 착하지도 않다. 인간 사회는 이기적 속성상 기본적으로 본인과 상관이 없는 자(다른 나라)와 나누어 가져야겠다는 생각 자체가 거의 불가능하다. 그들이 잘살지 못하는 것은 게으름 등 그들 내부의 원인이라는 주장도 가능하다. 하지만 직장을 구하려고 해도 구할 수 없는 사정을 살피면 그런 대답은 쉽게 나오지 못할 것이다.

어느 포도원이 있었다. 이 주인은 이른 아침부터 포도원에서 일한 품꾼(선진국)과 이보다 늦게 포도원에 온 일꾼, 심지어 해가 질 무렵 포도원에 도착해 조금밖에 일하지 않은 품꾼(후진국) 모두에게 삯으로 1달란트를 준다(마태복음 20:1-10).

현대 시장경제주의가 지배하는 사회에서는 상상하기 어렵지만, 이게 실현된다면, 오랜 세월 일한 노동자와 이제 막 기업에 고용된 젊은 노동자에게 같은 임금을 지급하는 기업을 상상할 수 있을 것이다. 이러면 노조에서 가만있겠는가?

그러나 오전 아홉 시부터 시작한 사람이나 오후 다섯 시부터 일을 시작한 사람이나 모두 부양해야 할 가족이 있다. 절대적인 빈궁에서 탈피해야 할 지점이 있는 것이다. 인간이 삶을 영위하기 위해 절대적으로 필요한 비용은 아홉 시에 온 자(선진국)나 오후 5시에 온 자(후진국)나 모두 같다. 오후 5시에 온 사람은 게을러서가 아니라 새벽부터 기다리다가 하루가 다 지나도록 일자리를 찾을 수 없었을 수도 있다.

만일 '모든' 노동자가 오후 5시에 출근하면 어떻게 될까? 이게 바로 공산주의식 사고방식이다. 5시에 와서도 1달란트를 받은 사람은 미안해서라도 더 열심히 일하고 내일은 오전 9시에 올 것이다. 이게 정상적인 사고라고 생각한다. 비록 늦게 고용됐다 할지라도 그가 기쁜 마음으로 일하고 기업에 감사한 마음을 갖고 있다면 그의 생산성은 맹목적으로 오래 일한 사람의 그것보다 훨씬 더 높을 것이다.

월드텍스(worldtax)란 국가 간 빈부격차를 줄이기 위해 국제거래에 대해 거래 흐름을 방해하지 않을 정도의 낮은 세율을 적용하여 거둔 세금을 아프리카 등 저개발국가에 지원하는 것을 총칭한다.

이러한 정신을 바탕으로 세법과 세금 및 세금제도를 다시 분석하여 바람직한 방향을 제시하면 세금은 납세자가 낼 능력(담세력, ability to pay tax)에 따라 부과되어야 하고, 국가 재정은 수입의 범위 내에서 지출을 하여 건전 재정을 유지하여야 하며, 과세관청은 성실한 납세자의 권리를 적극적으로 보호해야 하고, 민족의 염원인 평화통일을 이루기 위해서는 인적 및 물적 교류의 확대와 평화통일을 위한 재원 마련이 필요하다는 점을 들 수 있다.

한편, 월드텍스 시각에서 바라보는 경제정의란 자본주의와 시장경제체제를 바탕으로 경제 주체가 적법한 절차를 준수하고 공정한 경쟁을 통한 이익을 추구하며, 사회구성원 모두는, 세금을 통해, "그들 중에는 생활이 어려운 사람이 아무도 없었다(There were no needy person among them, 사도행전 4:34)"라는 고백을 들을 수 있는 상태를 추구함을 의미한다.

이와 같은 정신은 공자가 추구한 대동사회(大同社會)와 맥을 같이 하는 것으로, 이는 인류가 오랫동안 추구해 온 평등이라는 가치와 이를 통한 전 인류적 평화와 통합을 핵심으로 하며, 모든 사람이 소외되거나 차별받지 않고 안정된 기반 위에서 인간답고 행복하게 살아가는 사회를 추구한다(禮記 : 중국 고대 유가(儒家)의 경전인 오경(五經)의 하나로, 예법(禮法)의 이론과 실제를 풀이한 책).

이와 같은 태도는 우리나라 헌법 제10조의 "모든 국민은 인간으로서의 존엄과 가치를 가지며, 행복을 추구할 권리를 가진다"라는 규정과 제119조의 "대한민국의 경제질서는 개인과 기업의 경제상의 자유와 창의를 존중함을 기본으로 한다. 국가는 균형있는 국민경제의 성장 및 안정과 적정한 소득의 분배를 유지하고, 시장의 지배와 경제력의 남용을 방지하며, 경제주체 간의 조화를 통한 경제의 민주화를 위하여 경제에 관한 규제와 조정을 할 수 있다"라는 규정과 부합한다고 본다.

단순하게 세금을 납부하는 차원을 넘어, 세금으로 복지국가를 이루어야 하는 「세금국가」시대에는 인간 삶의 질이 향상을 위해 국내의 부익부 빈익빈 사태의 해결은 물론 국가 간 빈부격차를 줄여야 한다.

마침, 그 완고한 국제과세 규범이 바뀌고 있다. 미국기업이 세율이 낮은 조세피난처로 이전하고 인터넷이라는 무기를 사용하여 막대한 이익을 얻자, 프랑스나 영국 등은 이런 국제과세 규범을 교묘하게 피한 미국기업에게 매출액을 기준으로, 기존의 국제과세규범을 회피하려 소비세 과세 형식을 빌려 강력하게 과세(GAFA tax)하였다.

이에 미국이 손들고 나와서 아예 일정 금액 이상의 거래에 대해서는 소비국에서도 과세하자는 주장을 하고 있다(OECD 회원국의 Pillar 1에 대한 합의 : 매출액이 일정금액 이상인 기업에 대해서는 소비국에서도 해당 기업의 소득에 대해 과세를 하는 규정). 한 걸음 더 나아가 각국 법인세율을 적어도 15% 이상 되게 하자는 주장도 한다(OECD 회원국의 Pillar 2에 대한 합의 : 법인세 최저한 세율을 적어도 15% 이상으로 하자는 규정).

약육강식의 시대에서 가난한 나라는 대부분 후진국 신세를 벗어날 길이 없다. 경제개발 재원이 부족하기 때문이다. 자원이 풍부한 아프리카 국가들이 여전히 소득이 낮은 이유는 정치적인 이유가 많이 작용하겠지만 경제적으로는 자원을 낮은 가격에 수출하고 완제품 등을 비싸게 되사오는 것이 작동되고 있기 때문일 것이다.

따라서 후진국의 경제발전 재원의 마련을 위해서, 국제거래(수입, 수출, 자본거래 등 국경을 넘나드는 거래)에 대해 낮은 율의 월드텍스를 부과, 징수하여(현재 OECD에서 논의중인 Pillar 1 적용대상을 보다 확대한 모든 거래에 대해 상징적인 세율, 예를 들면, 0.01%를 적용하여 과세하되) 이를 후진국이 사용한다면 이를 기반으로 경제를 활성화하고 경제거래 규모가 대폭 확장할 수 있을 것이다. 이렇게 될 때 선진국과 후진국은 서로 공생할 기회가 될 수 있다. 유교의 대동사회나 기독교의 초대공동체 사회의 정신이 각박한 현실에서 실제 구현될 수도 있다고 본다.

(월드텍스 연구논집, 2019.2.18.)

10

안중근의 동양평화론과 경제공동체 건설

네 칼을 도로 칼집에 꽂아라. 칼을 쓰는 사람은 다 칼로 망한다(마태복음 26:52).

중국 랴오둥반도의 끝 뤼순(旅順)은 천혜의 군항이다. 항구 대부분이 산으로 둘러싸여 있어 폭풍은 물론 적의 포격으로부터 안전하다고 한다. 도시 한복판 백옥산(白玉山)에서 보니 군함은 물론 잠수함조차도 훔쳐보려면 보라는 듯 모습을 드러내놓고 있었다.

그런데 이곳의 역사는 그리 간단하지 않다. 뤼순은 1894년 청일전쟁 및 1904년 러일전쟁의 치열한 전장이었다. 특히 뤼순감옥은 한민족에게 아픈 상처를 안긴다. 그곳에서 안중근 의사를 비롯해 단재 신채호, 우당 이회영 등 많은 독립운동가들이 순국했다.

대한제국의 운명이 풍전등화였던 1909년, 안중근은 만주 하얼빈역에서 이토 히로부미를 저격한 뒤 체포돼 이듬해 3월 순국했다. 그는 감옥에서 저술한 『동양평화론』에서 동아시아 평화체제를 구축하기 위한 구체적 실천방안(고등법원장과의 면담 기록인 '청취서'에 소개되어 있다)을 제시했다.

그 핵심 내용은 공동화폐 발행, 공동개발은행 설립, 평화회의기구 구성 등이다. 세계 제1, 2차 대전의 전쟁터였던 유럽 국가들이 전쟁의 아픈 역사를 되풀이하지 않기 위해 1993년 만든 EU의 작동 체계를 이미 80여 년 전 조선의 서른한 살 청년이 차디찬 감옥에서 제시했다는 사실은 참으로 경탄스럽다.

뤼순 감옥에서 안중근은 조선의 기막힌 역사와 운명을 꿰뚫어 보았고, 아시아에서 열강들이 치고받는 싸움의 결과를 미리 알았다. 그가 내린 결론은 '전쟁'이 아니라 '평화'였다. 이런 사고를 집대성한 것이 동양평화론이다.

그가 모색한 평화는 조선만 잘 살기 위한 '폐쇄적 민족주의'가 아니라 국가와 민족의 벽을 뛰어넘어 모두가 인간답게 사는 '열린 민족주의'에 뿌리를 두고 있다. 그의 제안을 거절한 일본은 35년 뒤 철저히 망했다. 그리고 2,000만 명 이상의 아시아 민중도 희생당했다.

지금 미국과 북한의 거친 말싸움이 계속되고 있다. 한국은 이를 애써 무시하거나 숨죽여 지켜보고 있다. 하지만 수백만 명 이상의 외국 국적자가 남한에 거주하고 있고, 수천억 달러의 외국 자본이 한국에 투자하고 있는 이상 그 어느 누구도 한반도에 포탄을 퍼부을 수 없을 것이고 없어야 한다. 어찌 보면 그들은 전쟁 방지용 방파제인 셈이다. 이런 점에서 남북 사이의 교류를 제한하고 차단한 근시안적인 통일정책은 두고두고 아쉬움이 남는다. 그렇다고 북한을 완벽하게 무찌를 실력도 갖추지도 못했다. 안중근의 평화론은 당연 자주국방에 기초한다.

EU는 정치적 평화체제를 보다 견고히 하고자 세제의 조화도 꾀했다. 역내 거래에 대한 관세 철폐와 부가가치세제의 조화를 통해 물적 교류의 걸림돌을 제거했다. 프랑스 사업가들에 있어 독일과의 거래가 마치 우리네 일산에서 분당의 거래처럼 편해진 것이다.

정치적 군사적인 장애가 있지만, 한국(북한 포함)과 중국(동북아 3성) 그리고 일본이 EU처럼 하나의 경제공동체로 구성하는 것이 그저 이상만은 아닐 것이다. 역사적으로 구별되어 살아간 것은 세계 제1차대전 전후부터이지 그 이전 수천년 동안 이미 같은 경제공동체로 살아온 경험이 있다.

안중근이 염원한 평화 구상을 EU가 모범적으로 실천하고 있음에서 우리는 한반도 및 동북아 평화 체제의 안착 가능성을 본다. 동북아 3국(남한과 북한·중국·일본)의 자유무역협정 및 세제의 조화를 모색해서 인적·물적 교류를 보다 더 확대하자.

그러나 평화는 거저 오지 않는다. 이웃 나라 백성들과는 사이좋게 지내지 않을 이유가 없다. 다만, 우리를 침략하려는 세력들에 대해서는 강하게 응징할 수 있도록 국방도 튼튼히 하여야 한다. 지난 과거의 잘못된 침략과 수탈의 역사에 대해서는 분명 사과를 받아야 하고 재발 방치책을 세워야 한다. 강대국의 말장난에 우리 미래를 맡길 순 없다.

파리에서 북동쪽으로 차로 두어 시간 올라가면 랭스(Reims)가 나온다. 이곳은 고대 게르만족 침입부터 제1, 2차 세계대전 당시의 마른 전투(Battle of the Marne)에 이르기까지 프랑스와 독일이 수없이 대결했던 무대이다.

세계 제2차 대전으로 폐허가 된 유럽, 독일 아데나워(Adenauer) 수상은, 두 민족 간의 불신을 해소하기 위해서는, 프랑스가 대대손손 적이던 독일에 기분 좋게 손을 내미는 방법밖에 없다는 것을 알고 있었다.

그는 1958년 9월 어느 날 프랑스 시골 콜롱베(Colombey)에 있는 드골(De Gaulle) 대통령의 별장에 비밀리에 찾아가서 지난 일을 사과하고 정중하게 협조를 구했다.

그 후 40여 차례의 서한 교환과 15회 이상 만나서 양국 사이의 항구적인 평화건설 방안을 논의했다. 그러나 1870년, 1914년, 1939

년 게르만 민족의 야심으로 인하여 무서운 시련을 겪은 프랑스가 독일의 제안에 의심을 가지는 것은 당연했을 것이다.

아데나워의 말을 믿을 것인가 말 것인가. 마지막 결단의 순간, 드골은 아네나워에게 랭스성당(Cathedrale Notre-Dame de Reims)에 가서 신 앞에 양국의 평화를 위해 같이 무릎 꿇고 기도할 수 있느냐고 제안을 했다(그는 신 앞에 기도할 정도라면 그 약속의 진정성을 믿을 수 있다고 생각했는지 모른다).

아데나워는 지체 없이 드골의 손을 잡고 절대자에게 양국의 평화 실현을 하겠다는 소원 기도를 올렸다(「드골, 희망의 기억(Charles de Gaulle Memoires d'Espoir, 2013, 은행나무 번역)」에서 발췌 요약함). 이게 이어져 현재 유럽연합이 되었다.

우리민족은 왜 이렇게 못하는가. 같은 언어와 같은 문화를 공유하고 있지 않는가. 게르만족이나 골족 보다 머리도 우수하지 않는가. 서울과 평양은 엎어지면 코가 닿을 거리에 있다. 통역도 필요없다. 언제까지 미치광이들의 말장난에 우리 한반도 미래를 맡겨야 하는가.

남북 위정자들아, 남북 지식인들아, 그대들은 온 몸으로 동양평화를 모색한 서른한 살 안중근에게 미안하지도 않는가.

(아시아경제, 2017.10.12.)

11

세금 분야의 극일(克日) 경험

정의는 반드시 이루는 날이 있다(도산 안창호).

우리 정부가 일본의 반도체 소재 수출규제와 화이트리스트(안보상 수출심사 우대국) 제외 조치에 효과적으로 대응할 수단을 찾고 있다(이는 2019년 대한민국 대법원의 일본제철 강제징용 소송 배상 판결 및 해당 기업의 자산 압류 및 매각 명령에 대항해, 일본이 한국에 대해 단행한 조치였고, 2023년에서야 해제되었다). 나라가 뒤숭숭하지만, 세금 분야는 일찍이 일본을 극복(克日)했다.

거슬러 올라가 보면, 한국 과세관청은 1954년 일본 기업이 한국 조달청에 납품히는 과정에서 얻은 소득에 대해 당시 세법 규정을 적용하여 추계과세(인정과세) 방법으로 거액의 세금을 부과했었다. 이후 한일 국교 정상화와 함께 일본 기업의 한국 진출이 늘어났는데, 이들에 대한 엄정한 세무관리를 견디다 못한 일본이 세금부담

완화를 위해 우리나라에 조세조약 체결을 요청했다.

협상 과정에서 쟁점은 사업소득 과세모델을 UN의 '총괄주의 방식(일본 기업의 한국 수출액 모두에 과세하되 원가를 약간 인정하는 방법)'으로 할 것인가 아니면 OECD의 '귀속주의 방식(일본 기업의 한국 지점이 판매한 금액만 과세하는 방법)'으로 할 것인가의 문제였다. 대안별로 과세소득을 계산하면 '추계과세:총괄주의:귀속주의=130:100:78' 정도다(오병주(1992),「외국 법인 과세소득 범위에 관한 연구」, 석사학위논문, 건국대학교 행정대학원).

한국은 총괄주의를, 일본은 귀속주의를 주장했는데, 추계과세가 계속되자 다급한 일본이 한국의 주장을 수용했다. 당시는 전자계산기가 없던 시절이었다. 실무자들이 수판을 들고 여러 가지 경우의 수를 밤새 계산하고 협상 대안을 마련했던, 연필로 쓰인 문서를 보노라면 당시 고생했던 공무원들의 노고가 전해져온다.

일본의 조급함과 절실함을 파악한 뒤 유연하게 협상에 임하니 우리에게 유리한 총괄주의 방법을 일본이 어쩔 수 없이 수용할 수밖에 없었다. 이후 우리나라가 OECD에 가입하면서 이른바 선진국들이 다 그런 방식을 채택하고 있다는 이유로 1999년 귀속주의 방식으로 개정하였다. 아쉬운 대목이다.

한국에 진출한 일본 기업들에 대한 세금관리도 엄격했다. 필자도 참여한 여러 번의 세무조사에서, 그들이 건네준 '물 한 모금'조차 마시지 않고 원칙대로 임한 결과, 당시로선 거액인 수백억 원을 여러 차례 과세한 적이 있다. 좌고우면(左顧右眄)하지 않고 원칙을 지켰다.

이에 탄복한 일본 기업의 책임자가 당시 조사팀장이었던 고(故) 이병연 서기관에 대해 자국 신문에다가 "한국에도 이렇게 올곧은 공무원이 있다"라고 하면서 '독일 병정'이라고 소개한 일화도 있다.

필자가 연구하는 세법과 세제는 이미 일본의 수준을 넘었다. 전산화와 국제화는 일본보다 훨씬 이전에 했다. 미국과 EU 등 선진국에 나가 열심히 공부하고 노력한 결과, 이젠 일본에서 배울 것이 많지 않다. 일본은 우리나라가 1977년도에 도입하여 성공적으로 정착시킨 세금계산서 제도를 2020년도에야 도입하였다.

식민지배 시절을 겪지 않은 현재 대부분의 한국 사람에게 일본은 그저 하나의 국가일 따름이다. 무조건적 '일본 포비아(일본의 금수조치나 자금회수로 한국이 어려움에 부닥칠 것 같다는 지나친 걱정)'는 금물이다. 세무 분야를 포함한 여러 분야에서 이미 일본을 뛰어넘은 경험이 있다.

사족이지만, 필자를 포함한 대다수 한국유학생들이 외국의 대학이나 국제회의에서 일본유학생들에게 밀려본 적은 거의 없다.

극일은 구호만으로 이뤄지지 않는다. 실력을 키워야 한다. 국제규범을 일탈한 일본의 정책은 비판하고 필요하다면 강하게 응징하자. 그렇다고 일본 국민까지 미워할 일은 아니다. 그들도 비상식적인 극소수 일본 정치인과 집단의 피해자이기 때문이다.

"정의는 반드시 이루는 날이 있다." 도산 안창호의 말이다.

(아시아경제, 2019.8.8.)

12

납세의 권리와 교육

납세자와 정부의 거리가 멀면 멀수록 세금 부담은 무거워진다(루소, Rousseau).

성실한 납세자는 '갑甲'이며 국가권력이 '을乙'이다.

납세의무는 병역의무와 함께 대한민국 국민이 국가의 존립을 위해 지켜야 할 고전적인 의무다. 헌법 제38조는 "모든 국민은 법률이 정하는 바에 의하여 납세의무를 진다" 라고 규정하고 있다. 납세의무는 국가 재정의 기초를 마련하기 위해 설정됐다.

세금정책에 따라 국민의 재산권 침해 정도가 결정된다. 그래서 현대 국가는 '세금국가'로 불리며 우리나라도 예외는 아니다. 대부분 선거의 주요 쟁점 중 하나기 복지재원 마련을 위한 증세 방안의 적절성 여부였다는 점이 이를 입증한다.

그런데 '의무'라는 단어가 지니는 속성 때문인지, 납세의무라고 하면 마지못해 세금을 내야 한다는 느낌이 든다. 세무서 앞을 지나려면 괜스레 움츠려든다. 납세의무라는 표현이 풍기는 음습하고 칙칙한 냄새 때문이리라.

실제로 현행 세법이나 세무행정 시스템은 대부분 납세의무의 관점에서 짜여 있다. 5월 중 해야 하는 종합소득세 신고를 위해 국세청 홈택스(www.hometax.go.kr)에 접속해 보시라. 화면 하나에 온갖 정보가 두서없이 널브러져 있다. 정작 납세자의 신고에 필요한 정보를 어디서 어떻게 찾아야 하는지 쉽지 않다.

세금을 내는 납세자는 안중에도 없다. 스스로 알아서 신고하고 세금을 내라는 식이다. 세법을 펼쳐보는 순간 그동안 납부한 세금이 아깝다는 생각이 드는 게 비단 필자뿐일까. 세법 용어도 너무 어렵다. 세무공무원과 세무 관련 업무 종사자들끼리만 사용하는 표현투성이라서 이해하기 어렵다.

과연 세금에는 납세의무만 있고 납세권리는 없는가? 그렇지 않다. 복지수준 향상을 위해서라면 현재보다 세금을 기꺼이 더 부담할 수 있다는 여론조사도 많다. 사실 세금으로 납부한 금액 중 절반 가까이가 복지라는 명목으로 납세자에게 돌아온다. 높은 수준의 복지 혜택을 누릴 수만 있다면 국민 상당수는 자발적으로 세금 부담을 늘릴 것이다.

이런 점에서 정치권의 '증세 없는 복지재원 마련' 구호는 납세자

수준을 너무 얕본 것이라고 본다. 봉급생활자나 사업하는 사람이 돈 벌 때 세금을 더 내고 퇴직 후 국민연금을 보다 많이 받도록 국가 제도가 제대로 짜여 있다면, 세금을 더 적극적으로 납부하려 들 것이다. 사적 연금보험 가입자가 자발적으로 내는 연금보험료처럼 (나중에 확실히 돌려받을 수 있다면) 세금 부담도 거부감이 덜할 것이다.

모든 게 생각하기 나름이다. 어차피 내야 할 세금을 의무가 아닌 권리의 일환으로 생각하게 하면 세금을 둘러싼 마찰이나 저항은 물론 세금징수 비용도 줄어든다.

우리도 변화해야 한다. 납세권리를 납세의무보다 앞선 개념으로 자리매김해야 한다. 국가의 주인은 국민이며, 국가의 주인이 세금을 내기 때문이다. 적어도 성실한 납세자는 '갑甲'으로 대접받고, 국가권력이 '을乙'이어야 한다(물론 불성실 납세자에 대해서는 반대로 작동해야 하겠지만).

현행 세법의 구성이나 세무 행정 시스템 전반에 걸쳐 발상의 전환이 요구된다. 아울러 이상적이지만, 국가가 납세할 기회도 부여해야 한다. 직업이 없어서 세금을 내지 못하는 사람에게 직업을 갖도록 해주는 것은 국가가 할 일이다. 그들도 납세할 권리가 있다.

납세자와 정부의 거리가 멀면 멀수록 세금 부담은 무거워진다. 프랑스의 사상가 루소(Rousseau)가 저서 『사회계약론』에 적은 말이다. 납세 '의무'보다는 납세 '권리'가 국가와 국민 사이를 훨씬 가깝게 한다.

세금은 추상적이거나 관념적이지 않다. 당장 내 주머니에서 돈이 나가는 현실의 문제이다.

따라서 납세자 권리를 무시하는 세법규정이나 세제운용에 대해서는 과감하게 저항하고 반항하여야 한다.

그러나 합법적이고 정당한 세금고지서가 발부되었음에도 불구하고, 제때 내지 않고, 스스로 또는 다른 사람의 도움을 받아가면서 까지 세금을 내지 않으려는 내 자신의 속성에 대해서도 분노하고 반항하여야 한다. 선진국 시민은 다 이렇게 한다(하지만 이 단계에 오기까지는 쉽지 않다. 사회의 납세의식 수준이 올라와야 함은 물론 많은 교육이 필요하다. 중고등학교는 물론 대학교에서 배워야 한다).

성실한 납세자를 꼬드겨 탈세를 하게 하고 자기 이득을 취하는 자는 고지서 주인 보다 더 나쁘다. 미성년자를 약취 또는 유인한 자와 뭐가 다를까. 그들은 보다 더 무겁게 처벌하여야 한다. 그래야만 "정의가 강물같이 흐른다" 라고 말할 수 있지 않겠는가. 어디서 잘못 되었을까. 교육의 방향성이 그 첫째라고 본다.

우리나라에서 성적이 우수한 학생은 대부분 변호사나 의사 직업을 선호한다. 사실 머리 좋은 것은 하늘이 준 선물이다. 창조적이고 창의적인 분야에서 헌신하고 결과물을 내놓는 나라는 선진국이 된다. 문과 계열에서는 철학이나 종교 등 인문 분야가 이들을 기다리고 있고 이과계열에서는 과학과 수학분야이리라.

심하게 말하면 변호사는 국회에서 만들어 놓은 법률을 해석하는 정도이고 의사는 과학자들이 만들어 놓은 이론을 손으로 실행하는 정도가 아니겠는가. 페니실린을 만들어야지 이미 만들어진 페니실린을 기반으로 처방전을 발행하는 것에 만족한다면, 이는 하늘이 내려준 선물을 선용하는 것으로 볼 수 있겠는가.

머리가 우수한 사람은 '납세의무'라는 소극적 행동에서 '납세권리'라는 적극적 사고로 전 국민이 무장할 수 있도록 지혜를 짜내 제도를 만들고 공유하도록 해야 한다. 그리고 사회도 이들의 헌신과 봉사를 우대해 주어야 한다. 절대적 평등의 잣대로만 잴 일이 아니다. 머리 좋은 이들은 법정이나 수술실에만 있게 하는 것은 사회적 손실이고 낭비이다.

"세상은 넓고 할 일은 많다"라는 어느 경영인의 고백은 교육과 교육의 방향성 설정에도 적용된다고 본다. 교육은 옛날부터 백년지대계(百年之大計)라 했다. '백년 앞을 내다보는 큰 계획'을 수립하고 실행해야 한다는 말이다. 세금교육도 마찬가지라고 본다.

(아시아경제, 2017.5.18.)

13

세무공무원의 숙명

세무공무원의 눈으로 보면 지구는 편편하다.

모든 게 세금 전쟁터이기 때문이다.

———

어느 시대를 막론하고 세무공무원이 시민이나 기업들로부터 살갑게 대접받았던 시기는 거의 없는 듯하다. 직업 속성상 남의 재산 속내를 샅샅이 들여다보아야 하는 어려운 소임을 수행해야 하기 때문이다. 세무공무원은 현직에 있든 퇴직하든, 세상이 그들을 바라보는 눈초리는 그리 곱지 않다. 그렇다고 세무공무원을 없앨 수도 없는 노릇이다.

외국도 우리네 사정과 그리 다르지 않다. 필자가 유학한 프랑스에서 내가 세무공무원 출신이라고 밝히면 대부분 사람이 눈을 휘둥그레 뜨면서 지레 겁을 먹는 표정을 짓는 것을 자주 보았다. 자기네들끼리도 상대방이 세무공무원이라고 하면 가까이하기에는 뭔가(?)가 있는 집단이라고 생각하는 것일까.

세무공무원은 어느 시대나 국가나 정권의 유지를 위해서는 필요했지만, 그러나 정작 사회로부터의 따뜻한 대접과는 거리가 멀었다.

이와 같은 사회적 모순 속에 살았던 사람 중 한 사람이 삭개오 Zacchaeus(헬라어로는 '자크카이오스'로 의로운 자 또는 순진한 자라는 의미이다)이다. 그는 지금으로부터 2천여 년 전 이스라엘이 로마 식민지로 남아 있을 무렵, 예루살렘 옆 위성도시인 여리고(Jericho)라는 지역의 세무서장으로 있었다.

로마 식민지 시절, 백성으로부터 세금을 징수해 원수의 나라에 바치는 직업을 가진 그가 당시 시민으로부터 따돌림과 원망의 대상이 됐음은 쉽게 상상할 수 있다. 더군다나 그는 부자였다. 세무서장이면서 부자라니? 더욱 왕따(?) 신세였으리라.

그는 큰 집에 살고는 있었지만, 사회로부터 손가락질받는 직업을 가진 그에게 찾아오는 손님이 거의 없었다. 그런 그의 집에, 예수가 직접 와서 묵고 가겠다고 하니 얼마나 좋았을까. 고기도 굽고 좋은 포도주도 내놓았을 것이다. 그리고 그는 누가 시키지도 아니했는데 "예수님, 제 재산의 절반을 가난한 사람들에게 주겠습니다. 그리고 제가 남을 속여 얻은 것이 있으면, 4배로 갚겠습니다(누가복음 19:8)"라는 '폭탄선언'을 한다.

분위기에 휩쓸려서 그리 말했을까? 아니면 본심이었을까? 여러 가지 해석이 가능하지만, 삭개오의 재산이 부정을 통해서 축적된 것은 아닐 것이다. 세무공무원은 계산에 빠르다. 1천만 원을 받으면 그 4배인 4천만 원을 토해야 한다. 손해도 이런 손해가 없다. 따라서 그는 부정한 돈을 받지 않았을 것이다. 더군다나 그는 부자였다고 하지 않는가.

세금과 세무공무원! 간단하지 않은 주제이다. 대부분 인간은 그 속성상 돈과 물질과 명예에 약할 수밖에 없다. 고고한 인격을 갖춘 사람도 이것들의 유혹에 쉽게 흔들리는 것을 자주 본다. 세무공무원도 예외가 아니다.

특히 동양 사회에서는 공직 업무 분야 이외에도 사생활 분야까지의 청렴을 요구받고 있다. 이와 같은 요구를 다 수용할 수 있는 사람이 어디 흔한 일인가. 그런데도 자기 본분을 다하려고 무진 애를 쓰는 '이름도 없고 빛도 없는' 수많은 세무공무원을 보게 된다. 이들을 사회의 냉대로부터 지켜주는 방패막이는 잘 보이지 않는다.

그렇다면 현재 세무공무원은 어떨까? 사정은 삭개오 세무서장 시대와 비슷하지만, 국제화와 세계화 시대에 그들이 짊어질 과제는 수두룩하다. 특히 세계 각국이 자국의 과세권을 확보하기 위한 전쟁에 돌입했기 때문이다. OECD가 주도하는 글로벌 과세체계가 순식간에 뒤바뀌고 있다. 특히 디지털세 도입을 둘러싼 경쟁은 실제 총을 든 전쟁보다 치열하다.

거칠게 표현하면, 운동장에 돈이 널려 있는데, 영민한 세무공무원을 많이 보유한 나라가 더 가져가는 것이다. 우리의 당위성만을 내세워서는 백전백패다. 선진국이나 OECD가 제안한 세법 개정권고안이라는 텍스트(text)를 넘어 그 이면에 숨어 있는 맥락(context)을 간파하고 해석하여 대책을 세워야만 우리나라가 피해를 덜 볼 것이다.

바야흐로 각국 세무공무원의 머리싸움 시대가 다가오고 있다. 우리는 이에 대처할 준비가 되어 있는가? 유능한 세무공무원이란 세법과 회계지식은 물론 영어 등 외국어에도 어색하지 않는 자를 말한다. 그런데 공무원 처우가 낮다보니 이들이 회계법인이나 법무법인으로 이직하는 것을 자주 본다. 아쉬운 일이다.

우리나라는 무역으로 먹고사는 나라다. 따라서 기업은 숙명적으로 국제조세 문제와 마주 앉게 된다. 미리미리 배워둬야 외국에서의 세금분쟁을 사전에 방지할 수 있고, 분쟁이 벌어지면 제대로 대응할 수 있다. 사전에 알아두면 호미로 막을 것을 세계적 흐름을 모르면 가래로도 못 막는다. 유비무환, 세금전쟁에서 승리할 수 있는 중요한 요인이다.

세무공무원이 비효율적으로 일하고 부패하면 그 사회가 망하게 되어 있다. 이를 뒤집어 보면 투명한 세무 제도와 충성스러운 세무 공무원이 있다면 그 사회는 흥하는 것 아닌가? 우리 사회의 흥망성쇠가 세무공무원에 달려 있다고 하면 지나친 말일까? 아닐 것이다.

국방은 사람의 뼈이고 세금은 인체를 돌고 있는 피라고 한다면, 세무공무원은 피속에 함유된 과다한 콜레스톨(cholesterol)을 예방하고 치료하는 의사라고 해도 과언이 아니다. 이들을 방치하면 심혈관이 망가진다. 뼈가 아무리 튼튼해도 견딜 수 없다.

세무공무원의 헌신과 분발에 나라의 미래가 달려 있다. 이를 위해서 가칭 국세공무원법을 제정하여, 이들의 임용과 처우를 일반 공무원과 달리할 필요가 있다고 본다(일반공무원에게는 미안하지만). 세무공무원의 임무가 어느 부처 고급 공무원보다 국가 및 일반 국민에게 미치는 영향이 훨씬 막중하기 때문이다.

(한국세정신문, 2009.1.15.)

공자의 세금관

공자가 추구한 부민(富民)정책, 중용(中庸)지국, 대동(大同)사회는 현재 복지국가의 모델이다.

고대 중국의 사상가 공자가 어느 날 산동성(山東省) 태산(泰山) 근처를 지나는데 산속에서 여인의 구슬픈 울음소리가 들려왔다. 사연을 알아보니 시아버지와 남편, 자식들까지 호랑이에게 물려 죽었다고 했다. 그런데 왜 산중을 떠나지 않느냐고 물으니 '호랑이보다 가혹한 세금이 더 무서워서(가정맹어호·苛政猛於虎)' 남아 있다는 기막힌 대답을 들었다.

충격을 받은 공자는 먼저 민생을 위한 개혁적인 경제정책을 수립한다. 국가정책의 최우선석 방향으로 백성이 부자가 되는 부민(富民)정책을 부르짖으며 백성으로 하여금 '하게 하거나 하지 못하게 막는 일이 없이' 자유롭게 놓아주는 정치를 해야 한다고 강조한다. 요즘말로 하면 규제철폐요, 이를 경제 영역에 대입하면 자유시장경제

체제의 도입 주장이다.

두 번째로 손댄 것은 중산층에 대한 '가벼운 세금 정책'이다. 그는 중산층이 두껍고 안정된 중용지국(中庸之國)을 추구했다. 그는 "백성이 가진 것의 적음을 걱정하지 말고 그 불균형을 더 걱정해야 한다"라고 설파했다. '산술적 평등'이 아니라 상황과 조건에 따라 배분하는 '비례적 평등'을 추구했다. "소수에게 재물이 모이면 백성이 흩어지고, 만인에게 재물이 흩어지면 백성이 모인다"라고 강조하면서. 요즘 말로 소득 재분배요, 약자에게 더 많은 기회를 주자는 수직적 공평을 꾀한 것이다. 현재 날로 확대되는 소득격차를 줄이기 위해 많은 국가가 고심하는 처방과 유사하다.

공자는 나아가 세 번째로 양극화 현상을 완화하기 위한 과감한 복지정책을 주문했다. 그가 꿈꾼 유토피아는 모두 함께 더불어 살아가는 '대동사회(大同社會)'였다. 노후복지는 물론 사회적 약자를 위한 민생복지, 청년층의 고용안정에 이르기까지 세대와 계층을 망라해 모두가 최소한의 인간다운 삶을 누리는 것이었다.

부민정책-중용지국-대동사회, 지금으로부터 2500년 전 공자가 일찍이 확립한 '민생정책 3종 세트'다.

그가 살았던 시대는 BC 500년대, 우리나라로 치면 고조선 시대에 해당한다. 공자의 청년 시절은 혈연사회에서 철기시대로 급속히 변해가는 시기였다. 철기시대는 생산수단의 발달과 함께 농업혁명을 불러일으켰다. 자급자족 수준을 넘어서는 증산이 가능하여지자 이를 관리하고 통제하는 중앙집권적 관료국가가 출현했다.

하지만 사회가 조직화하자 기존의 원시 공동체에서 통용되던 삶의 방정식이 제대로 작동되지 않았다. 이 고장 난 시계를 고쳐 쓸 것인가, 아니면 버리고 새로 시계를 살 것인가? 공자를 비롯한 수많은 사상가가 나름 삶의 해법을 제시했다. 많은 사람이 자기 목소리를 내며 외쳤다고 해서 이를 백가쟁명(百家爭鳴) 시대로 부른다.

살피건대, 공자 자신은 민생과 경제 분야에 있어서는 개혁적인 사상가이자 행정 관료였다(허례허식의 폐해와 조선시대 당파싸움 탓인지 우리네 머릿속 공자의 이미지는 썩 긍정적이지 않다). 예나 지금이나 절대적 군주는 개혁주의자들을 그리 달가워하지 않았던 모양이다. 황제를 위한 충성 바치기를 원하지, 서민과 중산층의 민생을 위한 개혁 방안에는 마뜩찮아 했다. 그 바람에 공자의 개혁정책은 노(魯)나라 등에서 국가정책으로 채택되어 실행되지 못한 채 역사의 유물이 되고 말았다.

그러나 공자의 경제정책에 대한 외침은 지금도 유효하다. 세금을 낼 능력(됨세틱, ability to pay tax)에 따라 세금을 내도록 하고, 세무조사 등을 통해 선량한 납세자의 팔목을 비틀지 말며, 소득의 재분배 정책을 실현하여 이를 재원으로 복지정책을 시행하고, 나라 살림살

이를 아껴서 국가재정이 균형을 이루도록 하자는 것이다.

그러나 이와 같은 주장에 대해 귀를 기울이는 사람은 많지만 정작 실천을 하려고 하면 많은 비난을 쏟아낸다.

그 대표적인 것이 증세하기 전에 정부 살림살이를 줄이라는 것이다. 일부 맞는 말이지만 복지국가를 구현하려면 무작정 정부살림살이를 줄여서도 곤란하다. 사회복지요원 등은 더 충원할 필요가 있기 때문이다.

또 다른 반발은 세금을 내지 않는 계층이 많으니 이들더러 세금을 내라는 것이다. 나름 합리적인 주장이지만, 그들의 소득이 적어서 국가가 보조를 해주고 있는 형편인데 세금을 내라고 하면 결국 세금을 거두어서 다시 세금으로 보조금을 주는 모양과 같다.

이는 마치 견지망월(見指忘月 : 달을 보라고 손을 들어 가리켰더니 손가락만 본다)식 생각으로, 손가락으로 달을 가리키면서 달(본질)은 보지 않고 손가락(현상)만을 쳐다보는 것과 별반 다를 게 없다고 본다.

본질은 국가재정 건전성과 소득재분배를 통한 빈부격차해소인데, 현상 즉 누가 더 부담하여야 하느냐는 좁은 주제에 몰입하는 것과 유사하다고 생각한다.

이와 같은 갈등을 해결하는 방법으로, 도산(島山) 안창호 선생이 지적한 '교육을 통한 민족 개조론'이 그 대안 중 하나라고 생각한다.

하지만 선진국으로 진입한 대한민국의 교육은 어떠한가. 교육의 양(量)은 세계적으로 1등을 다투고 있지만 그 질(質)과 방향도 1등인가. 창의적인 교육 대신 암기식 반복적인 교육은 아닌지 반문할 필요가 있다.

나라가 번창하고 이웃나라에 선한 영향력을 끼치려면, 머리가 우수한 학생들은 창조적 영역에서 활동하여야 한다. 문과 계통은 철학이나 종교 또는 인문학 분야에서 연구하여 좋은 결과물을 내야 한다.

현재 성적우수자들이 몰리는 변호사 직업은 국회에서 만들어 놓은 세법에 대해 과세관청과 납세자 사이의 다툼이 있을 경우 그 조문을 해석하는 직업이다. 해석하는데 천재가 필요하지는 않는다. 더군다나 이제는 인공지능(AI : artificial intelligence)의 도움을 받을 수 있으므로 종전처럼 법전이나 판례를 외울 필요가 없다.

사람의 기억력이 AI를 따라가지 못하는 이상, 머리 좋은 학생은 AI가 못하는 창의적인 분야로 진출해야 한다. What(현상분석)이 아니라 Why(존재의미)에 대한 답을 내놓을 책무가 있다.

이과 계열의 의사도 유사하다. 머리 좋은 학생들은 치료제를 만들어야지, 남이 만든 치료제를 가지고 환자를 치료하는 것은 고급인력낭비라고 본다.

마리 퀴리 부인(Marie Curie)의 발견한 방사성물질, 에드워드 제너(Edward Jenner)의 천연두 백신, 플레밍(Alexander Fleming)의 페니실린을 의사들이 환자치료에 이용하여, 얼마나 많은 생명을 건지고 있으며 인류 건강과 복지증진에 경탄할 만큼 기여하고 있지 않는가.

이런 점에서 보면 우리나라 교육의 방향은 올바르게 설정되어 있다고 보기 어렵다. 그러나 어찌할 것인가. 변호사나 의사의 수입이 철학자나 과학자의 몇 배가 넘는 현실을 감안하면 머리 좋은 학생들의 변호사나 의사 쏠림 현상은 탓할 수만은 없을 것이다.

결국 이는 에리히 프롬(Erich Fromm)이 지적한 '소유냐 존재냐'의 물음에 대해 영재들은 소유보다는 존재의 근본적 물음에 대한 바람직한 답을 내놓을 의무가 있다고 본다. 그리고 국가는 세금으로 이들 영재들의 삶과 지위를 보장하며 그들이 만들(든) 창조적인 결과물은 국민들이 공유토록 하면 될 것이다.

잘못된 역사가 반복되는 것은 인간의 무책임과 몰염치 때문이다. 논어의 첫 문장은 학이시습지 불역열호(學而時習之 不亦說乎 : 배우고 그것을 때때로 익히니 기쁘지 않겠는가)로 시작한다. 독립운동가이자 민족주의

사학자인 단재(丹齋) 신채호 선생은 "영토를 잃은 민족은 재생할 수 있어도 역사를 잃은 민족은 재생할 수 없다"라 말씀하셨다.

국가재정이 허술하여 일제 강점의 치욕과 IMF수난을 겪은 우리나라 경제가 다시금 국가재정이 위태한 순간에 와 있다. 역사로부터 배우는 것을 잊은 것인가. 우리나라 현실에 대해 공자에게 의견을 구하면 뭐라 답할까? 답은 명확해진다. '잘못된 선택을 하고 있다고'.

(아시아경제, 2016.6.28.)

15

상해임시정부 헌법의 세금관(稅金觀)

우리 세대는 대한민국 여권으로 세계를 여행하며 선진국 대접을 받고 있지만, 100여년 전 아무도 알아주지 않는 '대한제국'이 발행한 여권을 들고 국경을 넘나들었을 독립운동가들의 고초를 생각하면 한없이 미안한 맘을 금할 길 없다.

2017년 늦가을에 찾은 상해임시정부청사는 옛 시가지 골목길에 있는 3층 양옥집이었다. 역사책에서나 볼 수 있는 김구 선생의 집무실을 직접 목격하고, 안창호 선생을 비롯한 수많은 애국지사의 열정과 숭고한 혼을 만날 수 있었다. 식사비 한 푼이라도 아끼기 위해 청사 안에 부엌까지 두고 있었다. 당시 궁핍한 생활이 짐작되어 맘이 아렸다.

1910년 8월 29일 일본의 불법적인 병탄조약으로 인해 한반도는 일본의 식민지로 전락했다. 이후 조선인이 각성하여 3.1. 운동이 일어났고, 그 영향으로 1919년 4월 10일 중국 상해에 임시정부가 수립되었다.

비유하자면, 1910년 의식불명 상태에 빠졌던 '조선'이란 이름의 한반도가 9년이 지난 1919년에서야 상해임시정부를 통해 겨우 '대한민국'이라는 이름으로 의식이 돌아온 셈이다.

현재 우리가 쓰고 있는 대한민국이란 국호도 이때 정해졌다. 국호가 있으면 당연히 국가의 조직과 구성을 규정하는 헌법이 있어야 할 터. 국호가 정해진 이튿날 요즘 헌법 격인 「대한민국 임시 헌장」이 공포되었다.

그리고 전 세계 여러 곳에 설치되었던 임시정부가 상해임시정부로 통합되면서 1919년 9월 11일 「대한민국 임시헌법(大韓民國 臨時政府 憲法)」으로 개정되었다. 이 헌법은 대한민국의 국가 형태를 '민주공화국'으로 규정하였다. 500년 동안 지속되었던 조선의 왕정 체제와는 완전한 결별을 선언한 것이다.

이 헌법의 세금관은 무엇을 담고 있었을까? 헌법을 만들었지만 정작 헌법이 집행되어야 할 한반도는 일본이 불법으로 강점하고 있었기 때문에, 세금관이 있었을까 하는 의구심이 있었다.

기우였다. 믿음은 바라는 것들의 확신(substance)이라고 했던가. 상해임시정부가 만든 헌법은 한반도가 일본으로부터 독립할 것을 굳게 믿으면서 그곳에서 펼쳐질 세금의 밑그림을 훌륭하게 그리고 있었다.

현대 선진국의 세금관, 즉, 세금(조세)법률주의(세금은 국회가 만든 법률에 따라 부과되어야 한다는 원칙)와 세금(조세)평등주의(세금은 소득이 높을수록 많이 부담하고 적을수록 적게 부담한다는 원칙)를 모두 담고 있었다.

이 헌법의 제48조에서는 "조세를 新課(새롭게 부과)하거나 세율을 변경할 시는 법률로써 次(이)를 정함"이라고 적었고, 제4조에서는 "대한민국의 인민은 일체 평등함"이라고 규정하고 있다. 이는 현행 헌법 제58조의 "조세의 종목과 세율을 법률로 정한다"는 규정과 제11조의 "모든 국민은 법 앞에 평등하다"는 규정과 비교할 때 하등 다를 바 없다.

특히 제2조에서 '대한민국의 주권은 대한인민 전체에 재(在)함'이라고 규정한 것은 천부인권사상(모든 사람은 태어나면서부터 하늘이 준 자연의 권리 곧 자유롭고 평등하며 행복을 추구할 수 있는 권리를 가진다)을 반영한 것으로, 당시 여러 어려운 사정을 감안할 때, 탁월한 선택이라고 본다. 이는 모든 권력이 국민에게서 나온다는 얘기다. 아울러 빈부귀천할 것 없이 무차별적이라는 얘기도 된다.

해방 이후 제정된 대한민국 헌법은 상해임시정부의 법통을 계승하였다는 점을 분명히 하고 있다. 그런데도 건국절 논란이 있는 것은 유감이다. 이는 상해임시정부가 한반도를 실효적으로 지배하지 못했던 시절, 그들의 친일 또는 매국 행위를 애써 감추려는 시도일 가능성이 크다. 없는 역사도 만들어서 보존하려는 나라가 수두룩한데, 있는 역사마저 부인하고자 하는 시도는 몰염치하다.

필자를 포함한 베이비부머세대는 초등학교 시절 미군이 쑤어준 강냉이 죽으로 점심을 때웠던 추억이 있을 것이다. 국내는 물론 외국으로 다니면서 공부도 죽어라고 했다. 그 결과 당시 세계 최빈국에서 이제 선진국으로 진입한 조국을 보고 있다. 여기에는 산업화 세대의 희생과 헌신, 민주화 세대의 애국과 열정이 뒷받침되었다고 본다.

전 세계를 다 휘젔고 다니면서 대한민국의 경제발전에 온 힘을 다 쏟았고, 군부독재를 온 몸으로 막아 세웠던 대단한 세대임에도 남북통일에는 진전이 없음이 아쉬울 뿐이다.

그러나 선진국이 된 한반도 남쪽에서 태어난 젊은 세대들이 새로운 가치관으로 무장하여 현명하고 영민하게 이 문제를 풀어낼 것으로 확신한다. 일제 치하 독립운동가들의 피맺힌 외침이 한반도의 독립을 불러 왔듯이 말이다.

100여 년 전 나라를 잃고 중국 상해로 피신하여 경황이 없었음에도 그때 만든 헌법 조항에 독립할 나라의 국가 형태와 선진국 못지 않은 세금관을 만들어서 현재 우리가 사는 시대에까지 이르게 한 선열들의 수고와 혜안에 한없는 고마움을 드린다.

우리 세대는 대한민국 여권으로 세계를 여행하면 선진국 대접을 받고 있지만, 100여년 전 아무도 알아주지 않는 '대한제국'이 발행한 여권을 들고 국경을 넘나들었을 그들의 고초를 생각하면 한없이 미안한 맘을 금할 길 없다.

얼마 전 남태평양의 어느 섬나라에 다녀왔다. 유럽 어느 강대국이 국방과 외교를 맡고 세금을 포함한 나머지 분야는 섬나라가 자치를 하고 있다. 과연 원주민들은 독립할 수 있을까? 사정이 간단치 않다. 독립을 위한 주민투표를 해보니 그냥 현 상태가 좋다는 표가 약간 많았다고 한다. 최근에서야 중학교에서 원주민 언어를 가르친다고 한다. 값비싼 지하지원이 많이 발견되고 있다고 하여 유럽에서 이주한 사람이 증가하고 있단다. 하나밖에 없는 항구에는 유럽 대형 군함이 떡하니 정박하고 있다.

아침에 일어나 보니 거리에서 조깅을 하거나 산책하거나 자전거 타면서 인생을 즐기는 자 대부분은 원주민이 아니다. 점심때 도심을 지나보니 나무 밑에서 눈동자에 초점이 없이 그냥 누워있는 원주민 젊은이들이 수두룩하였다. 제법 똑똑하고 장래성이 있는 기득권 청년들은 유럽으로 유학을 간단다.

이는 마치 1919년 3월 1일 독립선언 이후 한반도 상황과 너무 유사하지 않은가. 일본의 식민지 유화정책으로 조선, 동아일보가 창간

되었고, 일본의 유화정책으로 인해 독립의지가 희박해졌으며, 일본인도 한반도에 수없이 건너와서 살았다.

적어도 일본이 세계 제2차대전을 본격적으로 준비하기 이전에는 일본으로 학업이나 직업을 찾아 떠났던 젊은이들도 많이 있었다. 그 만큼 상해임시정부는 한반도에서 잊혀지고 있었을 것이다.

만일 일본이 세계 제2차대전을 일으키지 않았다면 한반도는 독립했을까. 혹시 현재 남태평양 어느 섬나라와 비슷하지 않을까라는 생각이 미치자 몰골이 송연해진다(당시 미국은 1905년 일본과 '가쓰라-태프트 밀약'을 통해 미국의 필리핀에 대한 지배권과 일본의 대한제국에 대한 지배권을 상호 승인하였다고 한다).

이렇게 한반도 역사에 어둠이 짙게 깔렸던 아무런 희망이 없던 시절, 먼 훗날 독립이 올 것을 굳게 믿고 그렇게 독립된 나라에서 펼쳐질 헌법을 만든 독립운동가들의 혜안과 희생에 감사드린다. 그들이 있어 오늘 우리가 있다.

(이데일리, 2017.11.12.)

16

공유지의 비극과 재정준칙의 법제화

개인이나 국가나 빚진 이는 돈을 빌려준 사람의 종이 된다.

경제는 종종 생태학에서 그 원리와 해법을 찾는다. '공유지의 비극(Tragedy of the Commons)'이론도 그러하다. 주인이 없는 공동 방목장은 농부들이 경쟁적으로 더 많은 소를 끌고 와 풀을 뜯게 한끝에 곧 황폐화하고 만다는 것을 미국 생물학자인 개릿 하딘(Garrett Hardin)이 은유적으로 빗대어 표현했다.

사실 성숙하지 않은 사회에서 구성원들이 공동으로 이용하는 재화나 시설은 관리가 제대로 되지 않아 빨리 망가짐을 쉽게 볼 수 있다.

역대 선거 공약을 재정의 눈으로 살펴보면 여야를 막론하고 "증세는 없다. 그러나 복지를 위해 돈은 더 풀겠다"라고 요약할 수 있다. 이게 가능할까. 이 세상엔 '증세 없는 복지'가능이라는 요술 램프는 없다. 정치인들의 표를 얻기 위한 포퓰리즘 그 이상도, 그 이하도 아니다.

그렇다고 미국 갑부 루이스 존 데이비슨 록펠러(Lewis John Davison Rockefeller)처럼, 소유 재산을 국고에 기꺼이 출연하겠다는 정치인도 없다. 결국 공약대로 복지를 실행하려면 공유지인 '국고'를 축낼 수밖에 없다. 책임 있는 정치인이라면 그 재원을 어떻게 마련할지 구체적으로 밝혀야 한다.

그렇지 못한다면 그 발언의 속내가 선거에서 표를 의식하는 행위라는 의심에서 벗어날 수 없다. 공유지의 비극을 방지하는 방법은 없는가.

2009년 노벨 경제학상을 수상한 미국 정치학자 엘리너 오스트롬(Elinor Ostrom)은 사회구성원들이 공유지의 비극이 항상 나타나도록 만들 정도로 바보는 아니므로 '이해관계자들의 조정'을 통해 공유지의 비극 문제를 얼마든지 해결할 수 있다고 주장한다.

누가 조정 역할을 하는가. 이들은 사회의 집단지성을 이끄는 공신력을 지닌 준거집단일 것이다. 그런데 선거 과정을 보면 이들의 영향력이 현저히 약화했음을 알 수 있다. 지식인이나 종교인, 시민단체의 건강한 목소리는 들리지 않았다. 오히려 그들 중 일부는 자극적·선동직·혐오석 발언을 쏟아냈다.

정치권은 여야 가리지 않고 선거를 의식해 국가의 재정건전성 유지에 역행하는 추경을 또 편성하려 들 것이다. 필자는 소상공인과 자영사업자들에 대한 지원금은 필요하다고 생각한다. 하지만 예산의 급하지 않은 지출 항목을 조정해 재원을 마련하되 그러고도 부족할 경우 추경을 편성하는 게 상식적일 것이다.

정치권에서는 낙수효과 이론(trickle-down effect theory : 부자나 기업에 세금을 낮춰 주면, 자본가는 그 낮춰 준 돈으로 투자하여 일자리를 만들게 되므로 결국 세금이 더 걷히게 된다는 주장)과 분수효과(trickle-up effect theory : 빈곤층에게 세금으로 보조금을 지급하면, 빈곤층은 그가 받은 돈으로 소비재 물품을 수입하므로 소비재를 만드는 기업이 잘 되어 결국 세금이 더 걷히게 된다는 주장) 이론을 들어 각자의 견해가 타당하다고 한다. 하지만 이들 이론은 완벽하게 검증되지 않은 이론이다.

기업의 세금을 깎아줬더니 투자는 하지 않은 채 현금만 잔뜩 쟁여 놓은 사례는 흔히 볼 수 있다. 구조적 저성장 국면에서 탈출하기 위해 우리에게 필요한 건 '정도(正道)'다. 재정 확장 정책을 통해 탈출구를 마련할 수 있을지는 모르지만, 이내 악순환만 불러일으킬 가능성이 크다.

재정은 세입(A)과 세출(B)로 구분한다. 재정의 건전화란 A=B인 상태를 의미한다. 그리 어려운 일이 아니다. 300조 원(B)을 쓰려면 300조 원(A)을 세금으로 거두면 되고, 감세하려면 동시에 지출을 줄이면 된다(이를 'Pay Go 원칙'이라고 한다).

이런 단순 공식이 강의실에서 정치권으로 옮겨가는 순간, 이상한 논리가 지배한다. A를 깎아 주면 경제가 활성화돼서 B의 재원이 증가한다(낙수효과)거나 B를 늘리면 소비가 진작돼 A가 자동으로 늘어난다(분수효과)는 주장이 대표적이다. 세금을 깎아줬더니 투자로 이어지지 않고 개인 빚을 갚은 경우를 흔히 볼 수 있다. 이는 결국 세금만 도둑맞는 셈 아닌가.

물론 국가재정의 건전을 유지토록 하는 국가재정법이 있긴 하다. 하지만 강제 규정이 아니라 공자님 말씀 수준의 훈시 규정에 그친다. "정부는 건전재정을 유지하고 국가채무를 적정수준으로 유지하도록 노력해야 한다(제1조)"와 "해당 연도에 예상되는 초과 조세수입을 이용해 국채를 우선 상환할 수 있다(제90조 제1항)"라는 정도다.

노력하지 않아도 처벌 규정이 없고 어쩌다 세수입이 예상보다 많이 넘쳐 세계잉여금(歲計剩餘金)이 발생해도 빚을 갚기보단 표를 의식해서 추경을 편성해 쓰기에 바쁜 것이 우리네 수준이다. 역대 정부 대부분이 그래 왔다.

구조적인 저성장 추세, 저출산과 고령화 등을 고려하면 재정확장 정책을 동한 발출구를 마련할 필요는 있다. 그렇다고 현재의 어려움을 피하고자 정도(正道)를 걷지 아니하고 꾀를 부리다 보면(적자재정의 지속), 이는 마치 미꾸라지가 솥이 뜨거워지자 열기를 피해 두부로 들어가는 꼴과 같다.

피땀 흘려 가꾼 알토란같은 국내 기업이 IMF 외환위기 시절 깜냥
도 안 되는 외국 투기자본에 그저 보양식으로 한입에 삼켜진 게 엊
그제 일이다. 재정이 탄탄해야 이웃 국가로부터 얕보임을 당하지
않는다.

현세대의 빚을 미래 세대에게 어물쩍 떠넘기는 것은 시정잡배들
에게도 통하지 않을 불공정행위다. 이를 방지하고자 EU는 회원국
들이 연간 재정적자는 GDP 대비 3% 이내로 하고, 국가채무는
GDP 대비 60% 이하를 유지하도록 하고 있다. 독일은 아예 헌법에
수입과 지출은 원칙적으로 균형을 이뤄야 한다고 명시했다. 프랑스
는 헌법에 국회의원은 지출을 수반하는 법률안을 제출하지 못하도
록 하였고, 지출은 명목 GDP 증가율(물가상승률) 이상으로 증가할 수
없도록 규정했다(우리나라는 2020년 재정 준칙 법제화를 추진하려다 정치권 반
대로 무산된 바 있다).

재정 준칙은 재정수지, 재정지출, 국가채무 등 재정지표의 구체적
인 목표 수치를 법으로 규정해 그 이상으로 재정을 지출하지 못하도
록 막는 장치로, 이는 국가재정 건전화의 비책이다. 그런데 말이 쉬
워 법제화이지 이는 국회와 정부의 손과 발을 스스로 묶는 것이다.
선거가 다가와도 돈을 재정 준칙이 규정한 이상으로 풀지 못한다.

이 때문에 지금껏 그 어떤 정부도 이 난제를 풀어내지 못했다. 경기 침체의 늪이 깊어지거나 정치적 이벤트가 다가오면 돈을 풀고 싶은 유혹에 휩싸일 게 분명하다.

모든 사람을 위한 '국고'에서 공유지의 비극이 발생하는 것을 막으려면 우리나라도 EU 회원국들이 규정한 마스트리히트 조약 제104조(공공적자는 국민총생산액의 3% 이하, 공공부채는 국내총생산액의 60%를 초과하지 않도록 규정하고 있다)를 모델 삼아 정치권의 무분별한 재정지출 편성 시도를 강제적으로라도 막을 재정준칙을 조속히 법제화해야 한다.

정치적 계산으로 돈을 풀었다간 민생뿐만 아니라 나라 경제가 망가질 수 있다. 과연 어느 정부와 여당 스스로 고양이 목(재정 건전화를 방해하는 요인)에 방울(재정준칙의 법제화)을 달아서 나라 곳간을 알차게 지킬 것인가. 방울을 다는 것은 가장 '지혜롭고 용감한' 쥐의 몫이다. 힘은 이런 곳에 써야 한다. 재정준칙이 법제화되고 국회와 정부가 스스로 준수한다면 이는 그 정부의 치적으로 삼을 만하다.

우리나라는 나라가 가난해서 국민 전체가 어려움을 겪었던 아픈 역사가 있다. 일본이 한반도 경제를 예속시키기 위해 물정 모르고 돈이 부족한 대한제국을 꼬드겨 1,300만 원의 차관을 제공했었다. 뒤늦게 속셈을 알아차린 서상돈 등 애국 선각자들이 1907년 2월 대구에서 이것을 갚으면 나라가 보존되고 갚지 못하면 나라가 망함은 필연적 사실이니…2천만 인민들이 3개월 동안 흡연을 금지하고 그 대금으로 한 사람에게 매달 20전씩 걷는다면 1,300만 원을 모을 수 있다고 호소했다(대한매일신보 1907년 2월 21일). 그러나 사악한 일본 제국이 국채보상운동을 와해시켰고 몇 년 뒤 대한제국은 망했다.

그로부터 90년이 지난 1997년 김영삼 정부 시절, 일부 대기업의 무분별한 외국자본 차입이 횡행했다. 아시아 외환시장의 위험을 감지한 외국자본의 급격한 유출이 발생하자 이를 막을 국가 외환보유고가 바닥을 드러냈다. 그 결과 기업의 파산과 대량 실직이 이어졌다. 국제통화기금(IMF)에서 급전을 구해와야 하는 IMF 사태가 야기됐고, 민초들의 금 모으기 운동 등으로 이를 가까스로 극복했다.

재정 부실로 나라가 크게 흔들린 뼈아픈 역사가 있음에도 정치권이 이를 망각하고 있는 점은 개탄스럽다.

러시아의 우크라이나 침공이 남의 일만은 아닐 것이다. 외부의 적으로부터 우리나라 공동체를 보호하기 위해서라도 국가 재정건전성 확보는 아무리 강조해도 지나치지 않는다. 개인이나 국가나 빚진 이는 돈을 빌려준 사람의 종이 되는 법이다.

(더스쿠프, 2022.3.22. / 시사저널, 2021.5.31.)

17

종교인 세금

자기 세금도 잘 안 내는 목사가 교인의 탈세를 꾸짖을 수 있을까?

한국 사회에서 영향력이 큰 집단 중 하나가 기독교다. 대통령부터 상장기업 임원 중 상당수가 '서울 강남에 거주하는 기독교인'이라는 통계가 이를 입증한다. 기독교는 조선시대 말기부터 의료·교육 사업을 통해 이 땅에 감동을 주었다. 6·25 한국전쟁과 산업화 및 민주화 과정에서 교회는 힘없고 쫓기고 굶주린 사람들을 보듬었다. 이를 눈으로 본 청소년들이 자라 기독교인이고 되고 사회 주역으로 활동하고 있다.

대부분 교회나 목사가 헌신적이고 희생적임에도 요즘 기독교에 대한 세간의 평가는 혹독하다. 교회 세습, 불투명한 교회 재정, 성폭력, 교회 권력의 타락 등이 주된 요인이다. 이젠 교회가 세상을 걱정하는 게 아니라 세상이 오히려 교회를 걱정하고 있다. 부끄럽고 통탄할 일이다.

목사 사례비에 대한 세금 납부 시비도 그렇다. 먼저 세법 차원에서 보면 논쟁거리조차 안 된다. 정치권에서 기독교인의 표를 의식해 멈칫하고 있을 뿐이다.

첫째, 세법은 소득이 있는 곳에 과세한다. 목사 사례비는 그 명칭에도 불구하고 엄연한 소득이다. 그 많은 돈이 소득이 아니면 용돈인가. 모자(母子)지간 용돈도 큰 금액이면 증여세가 부과된다.

둘째, 정교분리 원칙에 따라 교회는 정치에 관여하지 않고 정치는 교회 수입에 비과세한다. 하지만 교회로부터 돈을 받는 목사는 이와 상관없다. '아니, 우리 목사님이 근로자라니?' 이는 교회 안에서나 할 말이지 교회 밖 세상에 대고 할 말은 아니다. 근로자인들 뭐가 어떤가. 특권의식이다. 헌법은 특권계급을 인정하지 않는다. 군에서 목회 활동을 하는 군목은 세금을 낸다.

셋째, 미국과 유럽에선 목사 사례비에 대해 과세하고 있다. 유독 한국만 반대한다. 이중과세라 안 된다? 월급쟁이는 소득세 내고 남은 돈으로 생필품을 살 때 또 부가가치세를 낸다. 이중과세다. 헌법재판소는 이중과세는 위헌이 아니라고 한다.

더구나 종교 차원에서 보아도 이 논쟁은 교회에 유익하지 못하다.

첫째, 예수님조차 자기 집인 성전을 드나들면서 당시 유대법에 따라 성전세를 납부했다. 당시 유대 종교 지도자들과 불필요한 논쟁과 오해를 피하기 위해서였다. 목사는 하나님 나라를 위해 일생을 바친 사람이다. 세상과 쓸데없이 다툴 이유와 시간이 없다.

둘째, 전도에 걸림돌이 된다. 사람이 아프면 병원에서 의사의 치료를 받듯 마음과 영혼이 아프면 교회에서 목사로부터 치유를 받는다. 교회의 본질과 목사의 기능은 분명 고귀하고 소중하다. 이를 통해 세상에 복음을 전하는 것이다. 그런데 세금 때문에 비난을 자초할 이유가 무엇인가.

셋째, 납세자가 되면 금전적 손해만 있는 것이 아니다. 국민연금 · 건강보험 등 여러 제도적 혜택이 부여된다. 통계상 90% 이상의 목사는 설사 세금을 부과하는 규정이 도입돼도 면세점 이하로 실질적인 금전 부담은 거의 없다.

넷째, 세금납부를 통해 교회의 재정과 집행이 투명해진다. 이를 제대로 하려면 모든 것이 정직해야 가능하기 때문이다. 예수님도 '시저의 것은 시저에게, 하나님의 것은 하나님에게 바치라(Render unto Caesar what is Caesar's, render unto God what is God's)'라고 했다(마태복음 22:21). 이는 로마의 법과 체제를 따르고 로마에 세금을 내되, 신앙은 하나님에게 돌리라는 의미다.

정직하지 않은 교회나 목사가 어떻게 세상에 대해 바르게 살라고 말할 수 있는가.

결론적으로 기독교인은 매일 예수님에게 내가 누구인가 그리고 내가 무엇을 해야 하는지 물어보고 이를 실천하고자 노력하는 자이다. 존재와 당위라는 문제의식을 늘 머리맡에 두고 사는 사람이다. 세상은 아직도 교회에 기대가 남아 있어서 애증 어린 비판을 하고 있다. 아직 기회는 남아 있다.

세금 납부는 최소한의 사회 규칙이다. 목사라고 예외일 수 없다. 예수님도 스스로 내셨다(2018년 세법 개정을 통해 종교인 납세제도가 도입되었다. 그러나 종교인 소득을 기타소득으로 과세하는 등 여전히 우월적인 지위를 보장하는 규정이 있다. 교인 중 근로소득자는 무거운 근로소득세를 부담하고 있다. 종교인 과세제도를 적용받는 목사 스스로 이 혜택을 거절할 용기는 없는가).

(아시아경제, 2012.3.20.; 2020.2.11.)

18

복지 그리고 세금

저부담 저복지 · 고부담 고복지, 이게 재정운용의 정석이다.

복지는 달고 세금은 쓰다. 그러나 입에 쓴 게 몸에 좋다.

어느 시대든 예산안의 핵심 쟁점은 복지와 세금의 상호관련성이다. 거둔 범위 내에서 복지를 하는 것이 순리일 것이다. 적게 내고 적게 보장을 받는 정책(저부담 저복지)과 많이 내고 많이 보장을 받는 정책(고부담 고복지)은 나름 합리적이다. 그런데도 '증세 없는 복지사회구현'이라는 구호가 선거에서 먹힌다. 인간의 얄팍한 심사를 이용한 선거전략이다.

세제는 어느 정책보다 안정성과 예측가능성이 높아야 한다. 세금은 국민들 호주머니 속에서 돈을 꺼내는 것이다. 따라서 세법 개정은 아무리 신중하고 진중해도 지나침이 없는데 너무 경박하다는 느낌이 든다.

정부는 세 부담이 늘어나는 것과 증세는 다르다는 말을 하고 있지만, 이게 궤변으로 들리는 것은 나뿐만이 아닐 것이다. 국민 수준을 너무 얕잡아보고 있는 것은 아닐까. 사실 국민 대부분은 유럽 수준의 복지를 하기 위해서는 증세가 불가피함을 알고 있고 세금을 기꺼이 그리고 기분이 좋게 납부할 의향도 있을 것이다.

정치권은 증세란 세율 인상이나 추가적인 세목의 신설만을 의미한다고 하지만, 국민들은 내 주머니에서 추가적으로 돈이 나가는 것이 증세라는 것이다.

하여, 모두 증세에 대해 솔직해질 필요가 있다. 빚을 내어서 복지를 하는 것은 누구나 어느 정부든지 할 수 있다. 그러나 그 폐해는 고스란히 우리 후손들이 뒤집어쓴다.

따라서 우리나라가 지향할 복지수준을 결정하고 거기에 맞추어서 증세를 하는 것이 바람직하다. 유럽국가 수준의 복지라면 그들의 세금(조세)부담률만큼 우리나라도 증세를 하여야 한다. 그게 아니라면 과감하게 복지정책을 수정해야 한다. 이 부분은 정치권의 몫이다. 방향이 정해지면 거기에 맞춰서 세법을 개정하면 된다.

그렇지만 명심할 것은 우리나라는 복지 이외에도 통일이라는 숙제가 있다. 이 비용도 준비해야 한다. 그렇다면 국가의 재정은 적어도 균형예산이든 흑자예산으로 가야 한다.

프랑스 수학자이자 철학가인 파스칼(Pascal)이 말한 바와 같이 인간에게는 '수학적 논리'와는 다른 '마음의 논리'가 있어서 부분의 합(1+1)은 전체(2)가 아닐 수 있다. 무책임한 개인의 합은 전체보다 작지만, 책임을 다하는 개인의 합은 전체보다 클 수 있다.

이 땅에 자본주의 역사가 쌓여갈수록 '깨끗한 부자'가 제법 등장하고 있고 착한 공동체를 구현하고자 하는 '선한 의지'를 가진 국민이 많다. 그들에게 진솔하게 뜻을 전하고 한 곳으로 모으는 것은 정부가 할 일이다.

부자에게 재난지원금을 지급했다. 그런데 그 돈이 겨우 '소고기 먹자'나 '명품 구입'에 사용된다면 누가 세금을 기분좋게 자발적으로 내려고 하겠는가. 재난지원금 지급 대상 여부를 놓고 논란이 생겨 이를 가려내려면 행정비용이 들고, 이는 결국 국민 세금으로 충당해야 한다. 이런데 들어가는 국민 세금이 아깝지 않은가.

재난지원금 지원과 국가재정 건전성 유지라는 서로 다른 명제 사이의 최적의 합이 구해져야 한다. 특정 지역이나 계층이 아닌 한반도 전체에 몰아닥친 재난에 대한 지원금은 전 국민을 대상으로 하는 것이 합리적이다.

최근 우리 사회에 보편적 복지 논쟁이 뜨겁게 일었다. 하지만 간과한 것은 복지는 필연적으로 세금 논쟁을 부를 수밖에 없다는 점이다. 누가 뭐래도 복지는 세금으로 한다. 하지만 누구나 혜택은 많이 받고 싶고, 세금은 적게 내고 싶어 한다. 그런데 세금 납부액에 비례해 복지 혜택을 받는 것은 아니다. 복지 혜택을 많이 받는 사람이 세금을 적게 내기도 하고, 세금을 많이 내지만 복지 혜택은 별로 받지 못하는 사람도 있다. 그래서 어렵다.

보편적 복지를 위해서는 불필요한 비과세나 감면 규정을 계속 축소 및 폐지할 필요가 있다. 그리고 법인이나 개인사업자가 각종 세금감면을 받더라도 최소한의 세금을 내게 하는 '최저한세제도'를 보다 활성화하여 비과세나 감면을 받았더라도 일정 금액은 세금으로 납부하게 해야 한다. 아울러 부가가치세가 면세되는 대상을 EU 수준으로 대폭 축소할 필요가 있다. 우리의 경우 의료, 학원, 금융업 등은 부가가치세가 면세지만 유럽은 전부 과세를 하고 있다.

복지는 결국 세금으로 할 수밖에 없다. 빚을 내서 하는 것은 국가 채무를 증가시켜 나라경제를 더 어렵게 한다. 국민 대부분은 세금을 떳떳하게 능력껏 내고, 복지 혜택을 정당하게 받겠다고 하는데 정작 정부는 '증세 불가 약속'에 발목이 잡혀 있는 것 같다.

가장 좋은 사회는 주변에 굶주리고 헐벗은 가난한 사람이 없는 환경이라고 본다. 이를 타개하기 위해 형편이 나은 자들의 헌신이 필요함은 두말할 나위가 없을 것이다.

우리나라 헌법 제1조에서는 "대한민국은 민주공화국이다"라고 에둘러 표현하고 있다. 공화란 의미가 바로 '가난한 사람이 없는 사회' 바로 그것이다.

가장 합리적인 복지국가 모델은 사회구성원이 능력껏 일하도록 바탕을 깔아주고 거기서 얻은 소득에 대해 공평하게 과세하며 이를 바탕으로 어려운 사람이 없도록 복지혜택을 주는 사회다. 복지를 제대로 하려거든 세제를 올곧게 운영해야 한다.

(중앙일보, 2013.3.13.; 국민일보, 2013.8.19.; 조세플러스, 2018.4.1.)

19

배보다 배꼽이 큰 이상한 주택 세금구조

세금은 담세력(ability to pay tax)에 따라 부과되어야 한다.

그렇지 않으면 세금저항이 일어나는 원인을 제공한다.

세금은 사실상 나라가 국민의 재산을 '강제로 빼앗는' 구조다. 그래서 세법은 납부 능력(담세력 擔稅力, ability to pay tax)에 따라 세금을 부담할 수 있도록 합리성과 논리성을 갖춰야 한다. 특히 나라가 세법을 부동산 투기 방지 등 규제의 수단으로 활용할 땐 더 그래야 한다. 하지만 종합부동산세나 양도소득세는 담세력이 아닌 '주택 수'를 기준으로 부과하기 때문에 논리적이지 않은 상황이 발생한다. 이래도 괜찮은 걸까.

소득세는 소득이 많을수록 높은 세율을 적용하는 누진세율 구조로 짜여 있다. 부가가치세는 누가 얼마만큼 소비하는지와 무관하게 같은 세율을 적용하지만 서민들이 필수적으로 사용하는 생활필수품은 면세하는 제도를 보완적으로 두고 있다. 물론 부가가치세 역시 총액으로 보면 소비를 많이 하는 사람이 결국 많이 내는 구조다.

그런데 세법이 세입예산을 충당하는 도구를 넘어 부동산 투기방지 등 행정규제의 수단으로 물리는 종합부동산세나 양도소득세는 담세력과 상관없이 '주택 수'를 기준으로 부과하기 때문에 '배보다 배꼽이 더 큰 경우'가 발생한다.

아파트의 경우를 들어보자. 양도소득세는 1세대1주택의 경우 12억 원까지 비과세한다. 고가의 아파트가 즐비한 서울은 12억 원 모두 비과세 대상이지만, 상대적으로 저가 아파트가 많은 지방은 그 집값만큼만 비과세 혜택을 받는다.

세법이 서울과 지방을 대놓고 차별한다. 이게 합리적일까. 차라리 서울이든 지방이든 12억 원 모두를 공제받도록 해야 담세력에 부합한 제도이다. 이 경우 공제받지 못한 지방아파트 소유자는 다른 부동산을 양도할 때 추가로 공제받을 수 있는 길을 열어두면 된다.

만일 세법상 주택으로 간주하는 오피스텔 1채가 있는 경우에는 사정이 더 심각하다. 12억 원 상당의 아파트(취득가액 5억 원)를 가지고 있는 자가 추가로 3,000만 원 상당의 오피스텔 1채가 있다고 하자. 이러면 1세대1주택 비과세 적용을 받지 못한다.

이때 아파트를 양도하려고 할 때 양도차익 7억 원에 해당하는 세율 42%을 적용하면 대략 2억 1,500만 원의 세금이 나온다. 3,000만원 짜리 오피스텔 때문에 2억 원이 넘는 세금을 내야 하는 셈이다. 이게 논리적일까. 굴러온 돌이 박힌 돌을 빼는 꼴이다. 결국 세법이 오피스텔을 사지 말라고 강요하는 꼴이다. 세법에 이런 권한이 있기는 하는가.

종합부동산세의 경우도 유사하다. 부동산 투기방지를 위해 담세력 측정을 주택 가격이 아닌 주택 수로 하도록 짜여져 있다. 예를 들면, 2주택 이하의 최고세율은 1,000분의 27(2.7%)인 반면 3주택 이상은 1,000분의 50(5%)이나 된다. 2주택의 시가가 50억 원이고 3주택의 시가가 40억 원이라고 할 경우, 자칫 시가가 적은 3주택 소유자의 종합부동산세가 시가가 큰 2주택자보다 더 많을 수도 있다. 담세력이 많은 자에게 오히려 세금을 줄여주는 역진과세 현상이 발생한다는 얘기다. 법이 허용한다고 하더라도 도덕적으로 옳은 건 아니다.

지금처럼 주택 수를 기준으로 세금을 부과하면 '똘똘한 1주택', 특히 서울 강남권의 수요를 더욱 부추겨서 주택 가격 안정화를 방해할 수 있다. 이런 이유로 조세부담의 형평성을 제고하기 위해 만든 종합부동산세제가 오히려 역진적인 세제란 비난을 받는 것이다.

게다가 부부가 각각 1주택을 소유하는 경우보다 해당 주택을 부부 공동 명의로 한 경우 세금 부담이 훨씬 많도록 설계돼 있다. 주택

수가 기준이라서 부부가 각각 2채를 소유하는 것으로 보기 때문이다. 부부공동명의가 바람직함에도 세법은 여기에 역행하는 모습이다. 2022년 세법개정으로 2주택까지는 소유 형태와 무관하게 세금액이 동일하지만, 시골의 허름한 주택이라도 취득하는 경우에는 여전히 문제가 남아 있다.

그렇다면 어떻게 해야 담세력에 따른 공평 과세가 가능할까. 양도소득세나 종합부동산세는 주택 수보다는 주택 가격을 중심으로 과세 틀을 다시 짤 필요가 있다. 현재 종합부동산세제에서 사용하고 있는 세부담 상한제를 고쳐야 한다.

예를 들면 오피스텔 3,000만 원 때문에 1세대2주택이 되는 경우, 해당 양도소득세는 원인을 제공한 오피스텔 가격 3,000만 원에 일정한 '율(率)'을 적용한 금액을 양도소득세의 상한선으로 정할 필요가 있다. 부부 공동명의 소유나 각자 소유는 그 본질이 동일하므로 세액도 같아야 한다.

모름지기 세법구조는 비례의 원칙, 이른바 목적의 정당성, 수단의 적절성, 침해의 최소성, 법익의 균형성을 준수해야 한다. 배보다 배꼽이 큰 세제는 수단의 적절성과 침해의 최소성이라는 기준에 부합하지 않는다고 본다.

부동산세 부담의 증가는 전월세 가격의 상승을 초래하고, 이는 주택 보유자의 부담 증대로 이어진다. 특히 주택 수요가 비탄력적인 수도권을 중심으로 세 부담의 전가 가능성이 높다. 바로 이 지점에 젊은층의 혼인 기피와 출생률 저하가 있음을 정책당국은 아직도 알지 못하는 걸까.

(더스쿠프, 2023.12.25.)

20

기부금과 세금

국방이 뼈라면, 세금은 피와 같다. 피가 부족하면 사람은 바로 죽는다.

———

A씨는 받은 것보다 베풀기를 더 좋아한다. B씨는 준 것보다 더 많이 받기를 원한다. 자! 사회 통념상 누가 성공할 것 같은가. 대부분 B씨를 선택할 거다. 하지만 미국 심리학자 애덤 그랜트(Adam Grant) 교수는 그의 저서 『기브 앤 테이크 (Give and take)』에서, A씨가 '성공의 사다리 맨 꼭대기에 오를 것'이라고 주장한다. 왜일까. 이 주장이 우리나라에 시사하는 점은 뭘까.

"독한 자가 성공한다"라는 속설을 뒤집고 "착한 자가 성공 사다리의 맨 꼭대기에 있다"라는 가설을 논리적이고 체계적으로 정리한 그랜트는 돈을 대하는 사람들의 유형을 3가지로 구분한다.

받은 것보다 더 많이 베풀기를 좋아하는 '살신성인형(Giver : G)', 준 것보다 더 많이 받기를 원하는 '적자생존형(Taker : T)', 그리고 받은 만큼만 돌려주는 '자업자득형(Matcher: M)'이다. 언뜻 T형 인간이 성공 사다리의 맨 꼭대기에 있을 법하지만, 책의 결론은 다르다.

그랜트는 심리학과 행동경제학의 연구와 사례를 통해 실제론 G형 인간이 그 자리에 오른다는 사실을 명쾌하게 증명하고 있다. 승자가 모든 것을 가져간다는 사회 통념으로는 쉽게 이해하기 힘든 결론이지만, 시간의 지평선을 충분히 길게 잡고 호흡하면서 인생을 크게 보면 마지막 승자는 G형 인간일 수도 있겠다는 생각이 든다.

"착한 일을 많이 하는 집안에는 반드시 경사가 있다(積善之家 必有餘慶)"는 동양 격언이나 "주는 것이 받는 것보다 더 복이 있다(It is more blessed to give than to receive)"는 성경 말씀도 성공 사다리의 윗자리는 G형이 자리해야 함을 강조한다.

애덤 그랜트는 자신의 정적(政敵)을 장관에 등용해 노예 해방을 이끈 에이브러햄 링컨(Abraham Lincoln) 미국 대통령을 대표적인 G형이라고 말한다. 분식회계를 통해 사리사욕을 챙기다가 들통이 난 미국 에너지 기업 엔론(Enron Corporation)의 창업자 켄네스 리 레이(Kenneth Lee Lay)는 T형의 대표적 사례로 꼽힌다. 이런 점은 우리나라 재벌에 많은 시사점을 줄 것이다.

애덤 그랜트의 주장을 튀르키예와 시리아 지진 사태에 적용하면

G형은 적극적으로 자선단체를 찾아 기부하는 사람이고, T형은 나 몰라라 하는 사람이며, M형은 튀르키예가 우리에게 준만큼만 우리도 줘야 하지 않겠냐고 생각하는 사람이다. 특히 G형은 미국과 EU가 시리아에 경제적 제재를 시행하고 있음에도 시리아 지진피해 아동까지 도우려고 발을 동동 구른다.

이 지점에서 국가의 의무를 생각해 본다. 사실 튀르키예는 지진을 대비하기 위해 1999년 '지진세'를 도입했다. 개인의 휴대전화 사용료 등에 10%를 부가하는 형태다. 하지만 이번 대규모 재해 앞에선 턱없이 부족할 것이다. 결국 튀르키예는 지진세 이외에 개인의 기부금과 해외의 구호금으로 이 난관을 극복해야 할 것이고, 여기에 튀르키예 정부의 국운이 달려 있을 것이다. 이런 점에서 재정이 열악하고 국제사회의 경제제재에 내전까지 겹친 시리아의 사정은 딱하기 그지없다.

국가의 존재 의미는 외부의 적으로부터 나라를 지키고 국민의 삶을 윤택하게 만드는 데 있다. 관건은 국방과 세금이다. 국방이 뼈라면 세금은 이를 채우고 지탱하는 피와 같다. 피가 부족하면 사람은 죽는다.

우리나라도 튀르키예나 시리아 지진 사태 못지않게 자연재해의 위험에 노출돼 있다. 중국, 러시아, 일본 등 사방을 둘러봐도 우리나라에 그리 호의적이지 않다. 궁극적으로는 한반도 통일을 준비해야 한다는 점에서 하드웨어를 채우는 요체인 세금에 대한 각별한 대책이 필요하다.

국가에 필요한 공공재화(국방·사회복지·교육 등)는 세금뿐만 아니라 기부금으로도 가능하다. 세율을 인상하면 여러 가지 저항이 발생한다. 그렇다고 하여 세율을 50% 이상으로 하는 것은 위헌적 요소가 있다. 그런데 10조 원을 버는 사람에게 50% 세율을 적용하여 세금을 낸다고 하여도 5조 원의 여윳돈이 있다. 이 여윳돈을 기부금으로 유도하여 국가재정을 건전하게 할 필요가 있다고 본다(미국이 이렇게 한다).

그런데 우리나라 세제상 기부금 규정은 G형 인간이 자부심을 느낄 만한 수준이 아니다. 선진국에 비해 규제와 간섭이 심하다. 오히려 기부를 방해할 정도다. 세액공제 혜택도 미미하다. 공익법인을 만들어서 좋은 일을 하겠다는데도 '사사건건' 간섭하고 조사하겠다는 것은 시간의 지평선을 그저 1년 정도로 보기 때문이다.

좀 더 긴 안목으로 접근해야 할 것이다. 단군 신화에 나오는 고조선의 건국이념이자 대한민국 교육법이 정한 교육의 기본 이념은 '홍익인간(弘益人間)'이다. 우리나라 국민 대다수가 공감하고 추구하는 홍익인간이 바로 G형 인간이다. 우리나라 세제가 G형 인간의 증가에 공헌한다면, 성공 사다리의 맨 꼭대기엔 끝내 대한민국이 자리 잡을 것이다.

(더스쿠프, 2023.2.21.)

21

방탄소년단 BTS 멤버 정국의 꿈꾸는 자(Dreamers)

꿈을 통해 얻고자 하는 것은 자신의 욕망이 아니라
인류가 추구해야 할 공동선(common good)이다.

"우린 꿈을 꾸는 사람들이야. 우리가 이뤄낼 거야, 우리의 꿈을 믿으니까(we are the dreamers. we will make it happen, because we believe it)."

방탄소년단(BTS) 멤버 정국이 2022 FIFA 카타르 월드컵 개막식에서 부른 주제가 '드리머스(Dreamers)'의 가사가 참으로 인상적이다. 스웨덴 보컬그룹 아바(ABBA)가 노래한 'I have a dream'의 가사나 미국 마틴 루터 킹 목사가 외친 'I have a dream' 연설문 내용과는 결이 다르다. 정국의 노래엔 젊음과 패기, 확신으로 가득 차 있다.

특히, 꿈을 통해 나아갈 미래를 정하고 이를 달성하기 위해 현재의 삶을 가다듬는 '미래적 현재(present controlled by future)'식 사고를 추구하고 있다는 점에서, 실천 없이 꿈만 꾸다 마는 몽상가와는 질이 다르다.

꿈을 통해 얻고자 하는 것은 자신의 욕망이 아니라 인류가 추구해야 할 공동선(common good)이며, 여기에 이르는 과정은 정직과 약자인 이웃을 배려하는 것이리라.

눈을 돌려보면 월드컵의 경기장에선 국제축구평의회(IFAB)가 만든 「축구경기 기본규칙」에 따라 선수들이 자웅을 겨룬다. 선수가 심판을 속이는 할리우드 액션을 구사하면 엘로우 카드가 날아든다. 정직하지 않기 때문이다. 공격수와 수비수가 1대1로 맞붙어서 시합하도록 오프사이드 규칙도 두고 있다.

골에 이르는 절차 역시 정당해야 한다. 약팀의 배려 차원이다. 득점만이 목표라면 상대방 골대 앞에 몸 좋고 키 큰 선수를 세워놓고 이들에게 계속 볼을 올려주면 되겠지만, 그러면 동네 뒷골목의 공놀이와 차이가 없다.

흥미롭게도 같은 시각 경기장 지하에선 각국 세무공무원의 국제적 규범에 따른 '총성 없는 세금 전쟁'도 벌어진다. 예를 들면, BTS 정국이 개막식 주제가를 부르고 '대가'를 받았다면 카타르 세무공무원은 당연히 과세하려고 할 것이다. 하지만 묘한 공간이 있다.

정국이 개인 자격으로 불렀다면 카타르에서 과세할 수 있다(한국과 카타르 조세조약 제16조). 그렇다면 정국이 초청자와 소속사(이른바 스타컴퍼니(Star Company))의 계약에 따라 소속사가 고용한 자의 자격으로 월드컵 주제가를 불렀다면 어떨까. 이 경우 스타컴퍼니의 고정사업장이 카타르에 없다면, 카타르에서 과세하지 못할 수 있다(조세조약 제7조 제1항). 이 지점에서 과세 공간 확보를 위한 카타르 세무공무원과 납세자 조력인(변호사 등)의 두뇌싸움이 대단할 것이다.

스타컴퍼니가 세법상 법인격을 갖고 있어 진정한 납세자 자격이 있는가, 아니면 그 건너 숨은 자에게 세금을 부과해야 하는가에 대한 이 둘의 판단 여부는 축구 경기의 골이 '오프사이드인가 온사이드 인가'의 논란보다 더 복잡하고 고난도의 주제다. 각국 세무공무원의 실력이 승패를 가른다.

미국 팝가수 마이클 잭슨(Michael Jackson)의 1996년 내한 공연 당시 이와 유사한 사례가 있었다. 마이클 잭슨이 공연하고 대가는 마이클 잭슨이 100% 소유한 스타컴퍼니(Star Company)가 가져갔다. 누가 공연 대가의 실질적인 소유자인지에 따라 한국에서 과세 여부가 결정되는데, 한국 과세관청은 최종적으로 마이클 잭슨이 자신 소유 회사의 고용원 자격으로 공연했다는 주장(회사와 마이클 잭슨은 서로 다른 인격체임)을 수용해 과세하지 못했다.

이런 맥락에서 우리나라의 과세관청은 정국이 카타르에서 부당한 세무간섭을 받지 않도록 상호합의 절차(조세조약 제24조) 등을 통해 그를 보호해야 한다. 과세관청의 역할은 이뿐만이 아니다. 탈세행위 차단을 위해서라면 카타르와 한국의 세무공무원이 '지구방위군'처럼 서로 손을 잡고 정보교환이란 무기를 들고 합동작전을 펴기도 한다.

탈세자의 주변에는 머리 좋은 조력자들이 진을 치고 있어서 이를 돌파하려면 축구보다 더 다이내믹한 패스가 필요하다. 사모펀드 론스타에 세금을 물은 게 대표적 사례다. 과세관청은 공격과 수비를 모두 해야 한다.

이렇듯 각 구성원이 어느 위치에 있든, 무슨 일은 하든, 정국이 부른 드리머스의 가사처럼 각자가 지닌 꿈을 향한 믿음의 경주를 지속한다면 우린 선진국에서 사는 것이리라.

'믿음은 바라는 것들의 확신(substance)'이라는 어느 구도자의 고백처럼, 우리나라 구성원 모두가 꿈꾸며 확신 속에 살기를 소망한다.

(더스쿠프, 2022.12.2.)

22

과세관청의 갑질과 착한 사마리안법

> 지금까지 살아오는 동안 길에서 강도를 만나 쓰러졌던 나에게
> 많은 사람이 손을 모아 내 목숨을 구해준 것처럼,
> 우리도 누군가에게 도움을 주어야 하는 것은 가장 기초적인 사람의 도리다.

"의사분이 계시면 승무원실로 와주세요." 닥터를 부르는 긴급한 기내 방송이 승객에게 전달됐다. '의사 승객'의 도움으로 위기에 처한 '환자 승객'의 생명을 구했다면 천만다행일 거다. 하지만 의사가 탑승했는데도 나타나지 않아 그 환자가 사망에 이르렀다면 어떻게 해야 할까.

'착한 사마리안법'은 이 질문에 답을 준다. 이를 크게 나누면 긴급한 위기에 처한 자를 선의로 구조한 자에게는 과실이나 책임을 면책하는 유형①과 손쉬운 구조가 가능함에도 이를 거부한 자를 처벌하는 유형②가 있다. 전자는 영미법 계통의 국가에서, 후자는 대륙

법 계통의 국가에서 도입하고 있다.

프랑스는 "자신의 즉각적인 행동으로 타인 신체의 완전성에 대한 중죄의 실행을 막을 수 있음에도 이를 고의로 막지 아니한 자는 5년의 구금형에 처한다"라는 규정(형법 제223-6조)을 두고 있다. 1997년 영국 황태자비 다이애나(Diana)가 파리 센 강변 지하차도에서 교통사고를 당했을 때, 긴급구조 활동을 하지 않고 사진만 찍은 파파라치가 이 조항에 따라 처벌받았다.

세법과 세무행정의 출발점은 '신의성실원칙(信義誠實原則, bona fide)'이다. 이는 사회 구성원 모두(세무공무원과 납세자 포함)가 공동체의 일원으로서 상대방의 신뢰에 반하지 않도록 성의 있게 행동할 것을 요구하는 법 원칙이다(민법 제2조, 국세기본법 제15조). 그러나 현실에선 "법대로 집행했으니 억울하면 소송하시라"는 '친절한' 안내를 듣는 납세자가 부지기수다.

예를 들어보자. 검찰이 주장한 A의 '탈세혐의'를 법원이 받아들이지 않았음에도, 과세관청은 A와 같은 유형의 거래를 한 B의 혐의에 대해, 법원의 선결정을 무시하고, 탈세 행태라고 침소봉대해서 높은 가산세율 40%를 적용하는 경우가 있다. 다른 행정기관의 법령 해석을 믿고 신고했는데(특히 재산세 분야에서 지방자치단체는 상가라고 판단했지만, 과세관청은 이를 주택으로 보아 중과세하려고 하는 경우가 많음), 과세관청이 이를 무시하고 자체적으로 판단해 과세하는 경우도 비일비재하다. 국세청은 행정부 소속 기관이 아닌가.

이뿐만이 아니다. 과세관청의 '부당한 처분'을 꼬집는 성실납세자의 아우성에 귀를 기울여야 할 구제기관(이의신청·심사청구·심판청구)도 귀를 막은 채 '기계적'으로 기각하는 사례가 비일비재하다. 그럴 요량이라면 이들 기관이 존재할 가치는 있기나 한가.

성실한 납세자가 고의나 중대한 과실이 없는 행위의 경우엔 가산세 부담에서 해방시켜야 한다. 그게 '착한 사마리안법'의 정신이다(①의 원칙). 그 연장선상에서 '(과세 여부가) 의심스러울 때는 피고인(납세자)의 이익으로(In dubio pro reo)'라는 법 격언을 세무행정에도 적용해야 한다. 납세자와 세무공무원 모두 성실하다면 자연스럽게 도달할 수 있는 원칙과 규범이다.

또 다른 고질적인 병폐는 '세무조사권 행사의 남용'이다. 이를 막기 위해 "누구든지 세무공무원의 공정한 세무조사를 저해하는 행위를 해서는 안 된다"라는 규정(국세기본법 제81조의 4)을 두고 있긴 하다. 누구든지에 '대통령 등 권력기관'이 포함됨은 두말할 나위가 없다.

그런데 과세관청의 수장이 임명권자인 권력층으로부터 자유로울까. 군사정권 시절 등 현대사의 변곡점에 '털면 먼지 안 나는 기업이 있나'라는 식의 합법의 탈을 쓴 비겁하고 치졸한 세무조사의 검은 역사가 있었음은 주지의 사실이다.

따라서 외부의 압력을 받은 경우, 해당 공무원은 이 사실을 공개함으로써 사주한 자를 법적 절차에 따라 처벌받도록 하고, 이를 숨기는 공무원도 처벌해야 한다(②의 원칙). 비행기 기장이 음주 운항을 하도록 내버려 둘 수는 없는 것과 같은 이치다.

2000여 년 전, 중동 어느 지방에서 성실한 사람이 강도를 만나 죽을 지경에 몰렸다. 눈만 뜨면 입을 열어 '이웃을 사랑하라'고 외쳤던 종교인들은 애써 눈을 감고 현장을 지나쳤지만, 그들에게 멸시를 받았던 사마라아인이 측은한 맘이 들어 강도를 만난 사람을 치료해 줬다(누가복음 10:30-37).

이는 인류가 지향해야 할 최고선(最高善)이리라. "사람을 위하여 법은 존재한다(Hominium causa ius constitutum est)"라는 로마 시민법의 법률 격언처럼, 세법과 세무행정에 '착한 사마리안법'의 도입을 주저할 필요는 없다. 그래야 경제정의가 살아난다.

(더스쿠프, 2022.9.6.)

23

형법과 다른 세법의 본질

세금은 때로 총알보다 강하며 무자비하기도 하다.

세금정책의 정수리는 정부 지출을 충당하는 재원 마련에 있다. 부동산과 전쟁하기 위해 사용하는 무기가 아니라는 얘기다.

해방 이후 지금까지 부동산 투기 세력과 세금의 전쟁 과정을 보면 정책 시행 초기에는 세금이 승리하는 것처럼 보이지만, 집값 급등에서 보듯, 결과적으로는 부동산 세력을 이기지 못했다. 양도소득세율을 올리면 투기 세력이 물러날까? 천만의 말씀이다. 양도소득세는 해당 부동산을 팔지 않으면 적용되지 않는다.

설사 양도소득세율을 70%로 인상한다고 하자. 그래도 30%는 남는다. 은행이나 주식에 투자한 것보다 여전히 수익률이 높다. 사정이 이러한데도 세금만으로 부동산 투기를 막을 수 있다고 여기는 생각이야말로 무지에 무능을 더한 중대한 착각이다.

부동산에 매기는 세금이 많아지면 세금이 부담스러워 해당 부동산의 처분을 미루는 봉쇄효과(lock-in effect)가 나타난다. 부동산에 과도한 세금이 부과되면 부동산 거래가 위축되고, 공급에 차질을 빚고, 결국 수요를 따라가지 못해 부동산값이 오르게 된다.

부동산 가격의 급등을 막는 최선의 방법은 시장에 맡기는 것이다. 가격은 수요와 공급의 균형점에서 결정된다. 수요는 줄이고 공급을 늘리는 방법이 최선이다. 공급을 늘리기 위해서는 거래 활성화가 답이다.

우선적으로 1가구 1주택(세법상 표현은 1세대 1주택임)의 세금은 과감하게 낮춰야 한다. 부동산에 중과세한다고 해도 1가구 1주택자에 대해서는 과감하게 세금부담을 줄여야 한다. '1가구 1주택'은 헌법이 보장하는 국민의 기본권 중 거주·이전의 자유 및 행복추구권과 관련이 있다.

이런 점 때문에 미국 등 주요 국가에서는 자신이 거주하는 '주된 주택(main house)'의 양도에 대해서는 양도소득세를 비과세하거나 아주 낮은 수준으로 과세한다.

투기 목적이 아니라 거주하려고 서울 강남권 아파트를 구입해 살아왔는데 집값이 올랐다는 이유만으로 거액의 종합부동산세 고지서를 받아들고 부담스러워하는 1가구 1주택 보유 정년퇴직자가 상당수다. 이들이 세금을 내기 위해 아파트를 담보로 대출을 받아야 할 정도라면 이는 세금이 과세물건인 재산의 원본(元本)을 침해하는 '사실상 재산 수용(收用)'에 해당하는 것으로 위헌의 소지마저 있다.

필자는 부동산 세제의 기본으로 거래세(양도소득세, 취득세)는 인하하되 보유세(종합부동산세, 재산세)는 인상하는 방안에 동의한다. 그러나 이 경우에도 1가구 1주택에 대해서는 세금부담을 낮추어야 한다. 공시가격이 급등했어도 직전 연도 납부세액에 물가상승률 정도만 추가해 납부하도록 해야 할 것이다. 누가 집값을 올려 달라고 했는가. 정부 정책의 잘못으로 집값이 오른 것을 왜 가만히 앉아 있었던 시민이 부담해야 하는가.

정부의 세금 정책 담당자는 서울 강남 지역 부동산 보유자가 모두 '나쁜'사람들이니 이들이 얻은 양도차익을 전부 세금으로 환수해야 마땅하다는 발상에서 세금정책을 수립한 것은 아닌지 자문해야 할 것이다. 세법은 그렇게 해서도 안 되고, 그렇게 할 수도 없다. 이익 전부에 대해 몰수와 같은 행정행위를 하는 것은 도둑 등 범법행위자에게만 적용될 뿐이다.

세법은 형법이 아니다. 부동산 가격은 수요와 공급의 원리로 결정되는데 공급이 제한적이다 보니 세금정책 개편을 통해서라도 수요를 억제하려고 드는 행정 욕구는 일견 이해도 된다. 하지만 이 과정에서 1가구 1주택자를 세심하게 배려하지 못한 측면이 많다.

더욱 암울한 것은 청년층이다. 대한민국의 2030세대 청년층은 도대체 언제쯤 내 집을 장만할 수 있는가? 기성세대는 젊었을 때 부지런히 일하고 저축해 집을 마련할 수 있었다. 이 땅의 청년세대에게 부동산 급등을 초래한 정책을 펴서 내 집 마련의 희망이 사라지게 한 정책 당국자들은 사죄해야 한다.

우리나라의 비혼 증가와 저출산 현상의 근본적인 원인 중 하나는 부동산가격의 폭등이라고 생각한다. 거주하는 주택과 안정적인 직장이 있는데, 혼인 안 할 젊은이가 이토록 많을까? 부모세대가 부동산 값을 잔뜩 올려놓고선 자식세대에게, 주택문제 해결 없이, 결혼하라고 재촉하는 것은 염치가 없는 짓 아닌가.

부동산 세금정책은 비둘기처럼 순결하고(세금 본래 목적에 충실) 뱀같이 지혜로워야(착한 서민과 투기자를 구별해 과세) 한다. 부동산 세금에 대한 국민의 반감과 저항을 간과했다가는 정권도 흔들린다. 프랑스 대혁명이나 미국 독립전쟁 그리고 동학농민운동도 세금 때문에 일어났다. 세금은 때로 총알보다 강하며 무자비하기도 하다.

(시사저널, 2021.4.22.)

24

존재 이유를 되새겨야 할 조세심판원

무전유세(無錢有稅, 돈이 없으면 조력자를 구하지 못해
억울한 세금도 내어야 한다)의 혁파가 조세심판원의 존재 이유다.
세법규정에는 맞지만 납세자의 사정상 억울한 측면이 가득한 '부당한 처분'에 대해 보다
깊은 관심을 기울여야 한다.
공평한 추(錘)는 세우되 속이는 저울은 골라내야 한다.

로마 시민법의 법률 격언에 "법률의 무지는 아무도 변명해 주지
않는다(Ignorantia legis neminem excusat)"라는 말이 있다. 세금 관점에
서 풀어보면 스스로 세법을 잘 알고 납세의무를 이행해야 한다는
뜻이다.

그런데 세법을 안다는 것은 단순히 조문을 기억하는 정도가 아니
라 그것의 효력과 권한까지도 숙지해야 한다는 걸 의미한다. 일반
납세자 중에 이런 사람이 과연 몇이나 될까. 우리나라 과세체계상
이런 사람의 억울한 사정을 풀어주라고 국무총리 산하에 조세심판

원을 두고 있다.

상고를 갓 졸업한 여성이 중소기업에 취업했다. 어느 날 사장이 인감을 잠시 빌려달라고 해 건네줬더니, 사장은 몰래 회사 주식을 그 여직원 명의로 취득했다.

몇 년 뒤 회사는 부도가 났고 그는 야반도주했다. 세무서는 이 여직원을 '제2차 납세의무자'로 지정한 뒤 결혼자금을 포함한 모든 재산을 압류했다. 세법에 대한 무지가 빚은 참극이다. 어디 가서 억울함을 호소해야 할까(여직원은 신혼여행 가기 전에서야 자신의 재산이 압류된 것을 알았고, 필자가 참여한 심판관 회의에서 장시간 검토와 회의 끝에 실질과세원칙을 적용하여 여직원의 억울함을 풀어주었다).

세법에 모든 경제 현상을 담아 규정할 수는 없다. 빈 곳이 있다. 이 경우 '세금(조세)법률주의'라는 씨줄과 '세금(조세)공평주의'라는 날줄을 이용해 해석한다. 한글로 쓰였지만 납세자와 세무서의 해석은 각각 다를 수 있다.

세금 다툼이 있으면 법원에 가기 전 조세심판원에 행정심판을 청구해야 한다. 행정부 차원에서 스스로 문제를 바로잡는 자기통제의 역할과 전문성을 믿기 때문이다. 실제로 세금 다툼의 대다수는 소송까지 가지 않고 행정심판 단계에서 끝난다.

그런 점에서 2008년 설립된 조세심판원은 세금분쟁과 관련해 큰 역할을 하고 있다. 그런데 세무조사가 강화되자 심판청구 건수가 폭증하고 있지만 이를 담당하는 직원과 상임심판관의 수는 제자리걸음을 하고 있다.

업무가 폭증하다 보니 사건 당 평균 심리 시간이 겨우 몇 분에 불과하다. 이런 환경은 성실한 납세자의 권리구제는 외면하고, 고루한 판결이나 과거 결정에 기대어 기계적 판단을 하게 할 개연성도 있다.

조세심판원은 심판청구를 받은 날부터 90일 내 결정해야 하는데 인력 부족으로 태반이 6개월을 넘겨 결정하고 있다. 정부 스스로 법률을 위반하고 있는 셈이다.

세간에 무전유세(無錢有稅)라는 말이 있다. 성실한 납세자라도 유능한 조력자를 구할 돈이 없으면 안 낼 세금도 내야 하는 세상이라는 자조 섞인 말이다. 이런 일이 반복되면 세무 행정에 대한 불신이 커지고 세금저항(tax revolt)이 일어나게 된다 조세심판원의 획기적인 조직 확대와 인력 보강이 필요한 이유다.

앞에서 언급한 여직원이 양질의 조력을 받지 못해 개인파산하고 이에 따라 혼인도 순탄치 못하다면 그 책임은 누가 져야 할 것인가. 사회는 책임이 없는가. 성실한 납세자의 세법 무지에 따른 다툼은 조세심판원이 보듬어야 할 영역이다. 공평한 추(錘)는 세우되 속이는 저울은 골라내야 한다. 이 지점에 조세심판원의 존재 이유가 있다.

그리고 조세심판원은 '위법한 처분(세법 규정에 어긋나는 과세)' 이외에 '부당한 처분(위 여직원 경우처럼 세법 규정에는 맞지만 납세자의 사정상 그래도 억울한 측면이 많은 과세)'에 대해서도 심판을 할 권한이 있다. 반면 법원은 위법한 처분에 대해서만 판결을 한다.

이런 측면에서 보면 조세심판원이 훨씬 관심을 두어야 하는 분야는, 법원에 가서 다시 다툴 수 있는 위법한 처분보다는, 법원에 갈수도 없는 부당한 처분이라고 본다. 위법이냐 적법이냐의 법률 해석 전문가는 행정공무원보다 법률가가 더 잘 안다. 반면 납세자 주변의 과세 현장에서 발생한 사실관계에 대한 해석은 과세관청 등 행정공무원이 법률가보다 탁월하다고 본다. 행정공무원 본연의 영역이기 때문이다.

조세심판원은 부당한 처분에 대해 다툴 수 있는 권한을 지닌, 대법원과 같은, 최종 심판기관이다. 이와 같은 막중한 권한과 사명을 지녔지만, 과세관청에 대한 부담과 억울함을 판단하는 잣대가 주관적이어서 혹시 나중에 문제가 될 것 같은 걱정에 싸여, 납세자의 억울함에 눈을 감고 그냥 세법을 기계적으로 문자적으로 해석하여 판단을 한다면, 조세심판원은 법률에서 규정하고 있는 권한의 행사를 사장하는 것이다. 이런 기관이 존재할 필요가 있다고 생각하는 국민은 없을 것이다. 조세심판원의 인식전환과 분발을 기대한다.

(한국경제, 2019.8.25.)

25

세금의 목적을 잊은 정부

넓은 세원과 낮은 세율은 세금 원칙의 정수이다.

문재인 정부는 국민이 출제한 '집값 안정화 정책을 세우라'는 문제에 대한 답을 22번째 썼었다. 최종 답안 제출 시한도 명시하지 않는다. 답안이 부실하면 계속 수정하겠다는 말도 부끄럼 없이 덧붙인다. 어떻게 채점하라는 것인지 난감하다.

사실 부동산 관련 사안은 과거 정부도 모법 답안을 제출한 적이 없을 정도로 난해한 문제다. 물가상승률과 금리 등을 감안한 최소한의 가격 상승을 용인하되 실수요자에 대한 공급을 확실하게 하는 게 답이 될 수 있다. 하지만 급격한 도시화와 인구 이동의 영향으로 특정 지역의 부동산 수요와 공급을 제때 맞추기가 어렵다. 그렇다고 과거 어떤 정부도 문재인 정부처럼 '조자룡 헌 칼 쓰듯' 22번씩이나 빈번하게 세금정책을 남발하지 않았다.

문재인 정부의 부동산 정책 답안지는 핵심을 놓치고 있다. 즉, 세금은 세금일 뿐이라는 점, 세금 본연의 목적은 정부 지출을 충당하는 재원 마련에 있다는 점을 망각하고 있다. 정부 지출은 1년 단위로 편성한다. 세금은 이를 중장기적 관점에서 지원한다. 따라서 세금은 기본적으로 1년 이상의 긴 안목을 토대로 해야 한다.

그런데도 부동산 대책 마련에 급급해 깊은 고민 없이 자주 세법 개정안을 발표한 결과, 개정할 법률을 이미 주택을 구입한 사람에게도 적용하며 소급 과세 시비까지 불러일으켰다. 세금을 과도하게 부동산 대책에 활용하다 보니 '조세 부담의 예측가능성'이 훼손되고 있다. '넓은 세원 · 낮은 세율'이라는 기본 원칙은 아무도 얘기하지 않는다.

그리고 1가구 1주택자(세법상 용어는 1세대 1주택자)의 '소리 없는 아우성'을 애써 외면하고 있다. 이들 1주택자들이 정부더러 집값을 올려달라고 한 적이 없다. 정부가 정책을 잘못해 집값이 올랐을 뿐이다. 그럼에도 집값이 뛰었으니 세금을 더 내라고 하는 것은 합당하지 않다.

세법은 비과세가 허용되지 않는 고가주택 기준금액을 9억 원으로 정하고 있다(소득세법 시행령 제160조). 이는 2008년 정한 기준이다. 그때의 9억 원과 지금의 9억 원이 같은 값어치인가? 성실한 납세자를 생각했다면 최소한 토지가격 인상률이나 물가상승률을 반영해 기준을 조정했어야 했다(세법을 개정하여 2021.12.8. 이후부터는 12억 원으로 조정되었다). 이러니 증세 목적의 세금 대책이 아니라는 정부의 강변이 먹히지 않는 것이다. 시민들이 지난 주말 "우리가 내야 하는 것은 세금이 아니라 벌금"이라며 서울 도심에서 항의 집회에 나서고 있다.

'1가구 1주택'은 국민의 기본권인 거주 이전의 자유와 관련된다. 서울 강남에 거주하다가 시골로 이사하려 해도 양도소득세 부담 때문에 망설이는 사례가 적지 않다. 투기 목적이 아닌, 거주 목적으로 서울 강남권 아파트를 구입해 살아왔는데 집값이 올랐다는 이유만으로 거액의 종합부동산세 고지서를 받아들고 부담스러워하는 정년퇴직자들도 상당수다.

이들이 세금을 내기 위해 아파트를 담보로 대출을 받아야 할 정도라면 이는 세금이 과세물건인 재산의 원본(元本)을 침해하는 '사실상 재산 수용(收用)'에 해당하는 것으로 위헌 소지마저 있다. 1주택자에 대한 양도소득세나 종합부동산세는 오히려 현 수준보다 낮춰야 한다. 세제의 역사를 보면 부동산 경기가 침체됐을 때 정부가 나서 세금 지원을 했던 때도 있었다. 현 정부도 임대주택사업에 세금을 지원하며 권장했다가 다시 거둬들였다.

집값 급등 문제를 합리적으로 푸는 방법은 단순하다. 다주택자에 대한 거래세 부담을 낮춰 이들이 소유한 집들을 시장에 내놓도록 유도하는 것이다. 다주택자가 투기했다면 애초 투기장 진입을 방조

하거나 통제하지 못한 책임이 정부에도 있다. '퇴로'를 열어 시장을 정상화하는 것이 정부의 실책을 만회하는 길이기도 하다. 다주택자가 보유 주택을 내놓지 않고 버티면 '매물 잠김'현상이 일어나고, 늘어나는 세금을 전월세 값에 전가하는 행위가 나타난다. 그 피해는 실수요자에게 돌아갈 것이다.

　세법은 성실한 납세자들에게 두렵지 않은 존재여야 한다. 채점자인 국민들은 이 시간에도 주택 문제 답안지를 들여다본다. 그 채점 결과는 다음 선거 때 공개될 것이다.

(국민일보 2020.7.28.; 동아일보 2020.7.21.; 조세플러스, 2018.4.1.)

26

근로자의 유리알 지갑

근로자와 자영사업자의 이유없는 차별과세는 위헌의 소지가 있다.

흔히 소득세는 가장 공평한 세제라고 한다. 왜냐하면 납세자의 개인적 사정을 대부분 반영해 공제해 주고 소득에 따라 누진과세를 하기 때문이다. 따라서 소득세의 체계와 구성이 매우 치밀할 수밖에 없다. 반면 부가가치세는 납세자의 형편을 고려하지 않고 단순히 거래금액에 10%의 세율을 적용해 징수하면 그만이다. 이러니 소득세는 다른 세목과 등급이 다르다는 얘기까지 나온다.

그림에도 근로소득자와 자영사업자 간 상대적인 세금부담 차이는 여전하다. 그 내막을 들여다보면 논리적으로 납득이 되지 않는 부분이 많다. 흔히 근로소득자는 소득을 숨길 수 없는 유리알 지갑인 반면 자영사업자는 매출을 누락시키거나 경비를 과다 계상해 소득을 줄일 수 있다고 한다.

이 문제를 단기간에 해결하기는 어렵다. 우리 사회 시스템 전반의 투명성이 높아져야 가능하다. 하지만 거창한 구호나 복잡한 작업 없이도 과세관청에서 조금만 신경 쓰면 고칠 수 있는 항목이 많다. 대표적 사례 몇 가지를 꼽아본다.

첫째, 경조사비다. 근로소득자는 세금을 납부한 이후의 돈으로 경조사비를 지출한다. 40대 근로소득자라면 연간 경조사비가 족히 100만 원~200만 원은 될 것이다. 이와 달리 자영사업자는 업무 관련성만 입증하면 대부분 경비(업무추진비)로 인정된다. 친인척 경조사에 인심을 쓸 수 있어 체면이 서고 세금도 적게 내니 일석이조다. 관습상 경조사비를 무시할 수 없으니 공평 과세의 관점에서 근로자에 대한 경조사비 공제 항목을 신설해 일정 금액을 비용으로 공제해주는 방안을 고려할 필요가 있다.

둘째, 승용차 운행 비용이다. 근로자에게는 자가운전 보조금 명목으로 월 20만 원 정도 비과세 혜택이 주어지는 반면 자영사업자는 사업에 사용할 경우 아무런 제한 규정이 없다. 따라서 고급 외제 승용차를 타고 다닐수록 세금부담은 줄어든다. 차량 가격이 비쌀수록 유지비와 감가상각비가 많아지기 때문이다(2015.12.15. 세법개정으로 업무용승용차 관련비용의 손금불산입 등 특례이 도입되었으나 실제 사용여부를 파악하는 것은 어렵기 마련이다). 형식상 사업용이라고 해놓고선 실제로는 가족이 타고 다녀도 밝혀내기가 쉽지 않다.

세법에서 자영사업자의 자동차구입에 대해 왈가왈부할 수는 없다. 하지만 세금은 공평하게 납부해야 하지 않겠는가. 따라서 근로자 소유 차량의 평균 배기량과 유지 비용만큼만 자영사업자의 차량 관련 경비를 인정하는 것이 합리적이다. 프랑스 등 유럽 국가들이 이렇게 하고 있다. 세금이 줄줄 새는 것을 막는 것은 물론 환경 보호에도 좋다.

셋째, 식사대다. 근로자에게는 식사비 명목으로 월 20만 원 정도 비과세 한다. 한 달에 20일 근무할 경우 끼니 당 1만 원 꼴이다. 이와는 대조적으로 자영사업자는 세법상 아무런 제한 규정이 없어 비싸고 좋은 것을 먹을수록 세금을 적게 낼 수 있다. 업무추진비 또는 접대비 명목으로 세금을 인위적으로 줄일 수 있다.

우리 사회의 고질병인 질펀한 접대 문화를 개선하고 어느 정치인이 말한 것처럼 '가족과 저녁이 있는 삶'을 위해서라도 회사 비용 중 접대비에 대해서는 세법상 모두 부인함으로써 세금을 부담시킬 필요가 있다. 미국 등 선진국 대부분이 그러하다.

더구나 자영사업자들은 소득을 조작해 결손이 났다고 신고할 경우 건강보험료 등 4대 보험료를 전액 납부하지 않을 수 있다. 바로 이와 같은 점 때문에 매해 5월 소득세 신고의 달이 오면 근로소득자들은 괜히 배가 아파 온다.

절대적 빈곤보다 상대적 박탈감을 치유하는 것이 더 어렵다. 언제부턴가 '힐링(healing, 몸과 마음의 치유)'이 대세다. 다들 어디가 아프다고 한다. 근로소득자들의 이유 있는 배 아픔을 치유하기 위한 과세관청의 성의 있는 관심이 절실하다.

(아시아경제, 2013.5.21.)

27

세금 잣대로 본 강호동과 내곡동

명의신탁을 이용한 토지 취득은 공정사회를 방해하는 사회악이다.

잘나가던 연예인이 세금을 덜 냈다고 해서 문제가 되자 본인 스스로 잠정 은퇴를 하고 칩거 중이다. 대충 집히는 점이 있다. '1박2일' 출연료가 회당 1,000만 원 수준으로 알려지고 있는데, 이에 관련된 경비는 기껏해야 방송국까지 오가는 교통비와 코디나 매니저의 인건비 정도일 것이다.

그런데 그 분야의 일을 하다 보면 챙겨야 할 경조사나 비용이 많고 그중 정상적인 영수증을 주고받을 수 없는 것도 있었는데, 이 사실이 과세관청에 적발돼 수억 원이 추징되었다고 한다. 그리고 평창 어느 곳에 사둔 땅이 부동산투기 의혹을 불러일으키자 그런 얼굴로는 남을 즐겁게 할 수 없다 하여 본인 스스로 자책하고 두문불출하고 있다고 한다.

이러한 경우 과세관청은 누락된 세금을 징수하고, 그 수법이 고의적인 탈세 유형이라 판단되면 조세범 처벌법에 따라 검찰에 고발하며, 검찰은 수사를 하여 사법처리하게 된다. 즉, 세금은 세금대로 납부하고 이에 덧붙여 형사처벌까지 받게 되는 것이다. 강호동씨의 경우는 여기까지는 미치지 않은 것으로 보인다.

반면 세금의 잣대로 보면 내곡동 문제는 진행형이다. 아버지가 은퇴 후 거주 목적으로 땅이 필요했는데 이를 아들 명의로 구입했다고 전해진다. 편의상 여러 복잡한 경로를 거쳐 땅을 구입했으나 막상 이 사실이 세상의 입방아에 오르자 아버지 명의로 전환하려고 했으나 잘 안되자 아예 땅 구입 자체를 취소하려고 하고 있다.

이상한 점은 두 갈래로 좁혀진다. 첫째, 거래 당사자 사이의 문제다. 아들 명의로 구입했는데 이를 아버지 명의로 돌린다고 한다. 민법상 이를 명의신탁이라고 한다. 부동산실명법에 따르면 명의신탁의 경우 원칙적으로 매매거래가 무효화되고, 부동산 기준시가의 30%까지 과징금을 내거나 5년 이하의 징역에 처해질 수 있다. 그러다 보니 명의신탁 처벌 규정을 피하기 위해 아들 명의의 것을 아버지가 되산다고 한다(이 때는 부당행위계산의 부인 규정이 적용되어 시가와 차이가 나는 부분은 과세한다). 왜 당초부터 정상적인 거래를 하지 못했을까. 이해하기 어렵다.

두 번째는 땅 문제다. 내곡동 땅을 판 사람은 현재 미국에 있다고 한다. 그리고 그 땅은 생면부지의 제3자(공무원)로부터 증여를 받았다고 전해진다. 땅주인과 연고가 없는 사람으로부터 증여받아 위 집안의 아들에게 되판 것이다. 이상하다. 경험칙상 공무원이 돈을 받은 경우가 많이 있지만 공무원이 공익법인도 아닌 일개 개인에게 증여를 한다? 그것도 수십억이나 되는 땅을? 무엇인가 복잡한 사정이 있는 모양이다.

강호동씨의 사례와 유사한 연예인 탈세 사례는 많이 있다. 그런데 그들은 잘못을 뉘우치고 있다. 주변머리 없이 그저 씨름판에서 잔뼈가 굵은 그가 할 수 있는 것이라고는 그저 석고대죄뿐이어서 그런 게 아닌가 하는 생각이 든다.

반면 내곡동은 문제가 되자 없었던 일로 한다고 한다. 먼저 명의신탁 행위는 범법 행위다. 또한 그 땅을 매입한 돈이 만의 하나 남의 돈이라면? 이것은 업무상 횡령이나 배임죄에 해당된다. 그런데도 '안타깝다'는 말뿐이다.

세금의 눈으로 보면 강호동씨는 세금회피(Tax Avoidance)를 한 것이고 내곡동은, 나름 사정이야 있지만, 세금을 말하기에 앞서 법을 위반한 꼴이다. 자칫 조세범 처벌법이 적용되는 세금포탈(Tax Evasion) 시비에 휘말릴 수 있다.

해결 방법은 있다. 아들이 매도인에게 지불한 대금이 누구의 돈인지와 아울러 그 돈을 받은 매수인이 해당 돈을 사용한 내역을 공개하면 된다. 그리고 매도인과 증여자 사이의 관계 및 증여자가 해당 토지를 구입하게 된 내역도 포함되어 공개될 필요가 있다. 이렇게 해야 공정사회가 이룩되는 것 아니겠는가.

(아시아경제, 2011.10.25.)

28

루소의 사회계약론과 세금

국가와 국민은 '세금계약'을 통해 국가를 유지한다.

현대를 살고 있는 사람에게 막대한 영향을 끼친 사람 중의 한 사람으로 루소(Rousseau)를 들 수 있을 것이다. 고교시절 한두 번 정도는 들어봤을 그의 『사회계약론』은 몽테스키외(Montesquieu)의 『법의 정신』과 함께 프랑스 및 유럽법 체계에 막대한 영향을 미쳤다. 당시 유럽이 전 세계에 지대한 영향력을 행사하였음을 감안하면, 이는 전 세계를 쥐락펴락했다는 것과도 다를 것이 없음을 의미할 것이다.

그의 "자연으로 돌아가라"라는 말은 권력을 잡은 자의 통치는 '자연의 법칙'을 거스르지 말라는 얘기이다. 우리나라 식으로 표현하면 "하늘이 무서운지 알아라"와 일맥상통한 것 같다.

루소는 세금에 대해서 "세금을 납부한 사람들의 손으로 세금이 다시 돌아가는 순환이 신속하고 잘 이행되면 세금의 다소는 문제가 되지 않는다. 국민이 아무리 적게 부담하더라도 그 적은 액수가 국민의 손에 들어오지 아니하면 국민은 계속 납부만 함으로써 빈털터리가 되고 국가는 부유하지도 못하며 국민은 걸인이 되고 만다. 따라서 국민과 정부의 거리가 멀수록 세금의 부담은 무거워진다. 국민의 부담은 민주정치 하에서는 가장 가볍고, 귀족정치 하에서는 그 부담이 더 많아지며, 군주정치 하에서는 가장 무거운 부담이 된다"라고 주장하였다.

그의 주장은, 프랑스 대혁명의 단초를 제공하였고 결국 군주를 몰아내고 시민사회가 등장하게 되는 결정적 요인으로 작용하였다.

이와 같은 정신은 프랑스 시민들이 루이16세를 왕좌에서 몰아내고 프랑스 공화국을 수립하면서 외쳤던 1789년 8월 26일의 '인간과 시민의 권리선언'의 제13조에서 "세금은 모든 시민에게 그 능력에 따라 평등하게 부과되어야 한다"라는 조문과 제14조의 "모든 시민은 자신 또는 그의 대표자에 의하여 세금의 필요성을 확인하고, 그것을 자유로이 승인하고, 그 용도를 감시하고, 그 할당액·과세표준·징수기간을 결정하는 권리를 갖고 있다"라는 조문으로 이어졌다.

세법을 공부하고 연구하는 사람들은 제13조를 세금(조세)공평부담원칙이라고 하고 제14조는 세금(조세)법률주의, 세입 및 세출예산 법

정주의라고도 한다.

　루소의 사회계약론이 현대의 조세정책에 주는 시사점은 무엇인가? 세금법률주의는 현재 우리나라에서 크게 문제가 되지 않는다. 헌법재판소의 세법에 대한 위헌결정 이후에는 대부분 위임입법의 한계 등을 준수하고 있기 때문이다. 다만 국회의 구성이 특정 정당이 과반수를 훨씬 넘게 구성된다면 '당정협의' 결과가 곧 입법으로 이어지는 것이 문제이지만, 그래도 국민이 투표로 구성한 정부와 입법부이므로 어쩔 수 없는 것이다.

　결국 세금공평주의의 '공평'에 대한 해석에 관심이 모아질 수밖에 없다. 세부담의 공평이란 결국 소득이 많은 자나 재산이 많은 자가 사정이 그렇지 못한 자보다 세부담을 많이 하는 이른바 '수직적 공평'을 의미하는 것이다. 그런데 경제학적으로도 얼마만큼이 과연 공평한지는 아무도 모른다. 다만, 외국의 세율과 비교할 따름이다.

　소득세율이나 법인세율의 인하 논란도 이것과 관련이 있다. 과문인지는 몰라도, 우리나라에서 세금을 더 내고 싶다거나 더 낼 수 있도록 세법을 개정해 달라고 하는 사람은 찾기 어렵다.

　미국 Microsoft 창업주 겸 초대 CEO를 지낸 빌 게이츠(Bill Gates)의 상속세 폐지 반대나 최근 독일의 갑부들이 '필요하지 않는 돈이 너무 많이 있으므로 부유세를 신설해 가져가 달라'는 부유세 신설

입법청원을 하는 경우를 우리가 기대하는 것은 무리인가?

경제위기를 타파하기 위한 일시적인 감세정책에 대해서는 동의하지만, 출구전략을 짜야 하는 시점이라면 감세정책은 제고해야 한다. 독일의 사회학자인 페터 슈피겔(Peter Spiegel)은 그의 저서『휴머노믹스』에서 1990년대 이래 펼쳐진 각 국의 세금감세정책 영향으로 인해서 국가는 '세율주권'을 상실했으며, 이는 '정치력의 상실'로 이어진다고 경고하고 있다. 우리나라의 감세론의 근거가 '외국이 세율을 인하했으니 우리도 인하해야 한다'라는 식의 논리라면, 우리나라 세율주권이 외국의 영향아래 놓였다고도 볼 수 있다.

또한 그는 세율 인하가 국가의 경제적 · 정치적 · 사회적인 조절능력의 상실로 이어진다고 경고하고 있으며, 세율 인하로 인해 국가의 살림살이는 날이 갈수록 허덕이고 국가들은 재정문제를 해결하기 위해 극도로 위험한 해결책을 모색하고 있다고 주장한다. 감세가 경제성장으로 이어지지 않는다는 예로, 세율은 높지만 세계에서 잘 사는 나라의 정상에 있는 스웨덴, 핀란드, 덴마크의 경우를 들고 있다. 그의 주장에 타당한 점이 있다.

책임있는 정부라면 서민중시 정책을 실현하려면 정부기구 확대 등 재원이 많이 소요되는데 이를 어디서 조달할 것인가? 감세정책이 지속된다면 정부 재정적자는 늘어갈 터인데 이를 빚으로만 충당할 것인가?에 대한 깊은 고민과 답을 내놓아야 한다.

2012년은 루소(Rousseau)의 탄생 300주년의 해이다. 그는 절대왕정에 대한 투쟁을 통해서 인간의 자유를 획득하려고 무던히 노력했다. 300년이 지난 현대는 어떤 의미에선 절대왕정보다 훨씬 강력한 '돈'의 지배 아래 놓여 있다고 봐도 과언이 아닐 것이다.

돈의 지배 아래에서 인간의 행복은 어떻게 보장될 수 있는가? 정책입안자들은 루소의 계약이론과 프랑스 인권선언의 세금공평부담의 원칙 및 우리나라 헌법 제1조에 명시된 '대한민국은 민주공화국'이란 의미를 곰곰이 생각해 볼 시점이 되었다.

(한국세정신문, 2009.11.2.)

29

고산 윤선도의 보길도 세연정과 세금

노블레스 오블리주,

이게 흥하면 나라가 살고 이게 없으면 나라가 망한다.

끝은 시작의 다른 말이다.

전남 해남 앞바다 보길도의 세연정(洗然亭). 조선시대 정치가이자 시인인 고산(孤山) 윤선도가 1637년 병자호란 때 인조가 청나라에 항복하자 '입으로 만' 대의명분과 정의를 외치는 사대부들에게 환멸을 느껴 유토피아를 찾아 제주도로 가는 길에 보길도를 발견하고 정자를 지어 글을 쓰면서 풍류를 즐겼던 곳이다.

흐르는 계곡을 돌다리로 막아 얕은 연못과 그 가운데에 소나무가 있는 풍경은 그의 명작인 '어부사시사'만큼이나 아름답다. 그러나 세연정 밖은 임진왜란과 병자호란의 여파로 서민의 삶은 피폐해졌고, 국가 운영의 근간인 세제는 탐관오리의 득세로 재원의 일실(逸失)이 만연되었던 시기였다. 고려 멸망의 주된 원인이 세제의 붕괴

였음을 잘 알고 있는 그에게 세금은 무엇이었을까?

그를 포함한 당대 지배계층의 세금에 대한 인식은 고산이 살았을 시대보다도 더 엄중한 시대를 살아가는 우리에게 많은 시사점을 줄 수 있을 것이다.

고산 윤선도는 1587년 서울 종로에서 태어나 1671년 보길도에서 사망하였다. 그는 여러 과거 시험에 장원 급제할 정도로 머리가 뛰어났고 1628년에는 인평대군(훗날 효종)의 사부이기도 했으나 여러 가지 정치적인 이유로 14년 7개월을 함경도 경원 등에서 유배생활을 한 비운의 경세가였다. 하지만 그 집안은 호남 3대 갑부 중 하나로 꼽힐 만큼 부유하였으며 노비도 100여 명이나 되었다고 한다. 요즘 말로 하면 재벌집안에서 태어나 양과 고시를 수석으로 합격한 '엄친아'인 셈이다.

그가 살았던 시대(1585~1671년)는 세종대왕이 만든 공법(貢法)이 실시되고 있었다. 이 법에 따르면 조(租)·용(庸)·조(調)라는 기본 세목을 통해 조선의 재정수입이 확정되는데, 이 중 가장 중요한 세목인 조(租)는 도지에 대한 세금(田稅)으로 토지 수확량의 10%를 세금으로 내도록 되어 있었다.

그러나 세종은 이와 같은 획일적인 징수체계가 불합리함을 보고, 세분화한 세금징수체계를 만들었다. 즉, 과세물건인 토지를 비옥도에 따른 6등급(田分 六等)과 흉년과 풍년의 정도에 따른 9등급으로(年分 九等) 분류하여 이를 수치화해 징수한 것이다.

납부액은 '1결(結)당 20말×토지비옥도 최상(1)×풍년(1)'의 공식에 따라 산출하나, 토지비옥도가 낮을수록 그리고 기후가 나쁠수록 상수 1보다 낮은 비율을 적용하여 납부액을 산출한다. 예를 들면, 비옥도가 중간이고 기후여건도 중간이라면 토지 1결당 납부액은 5말(20말×토지비옥도 0.5×기후지수 0.5)로 결정한다.

공법(貢法)에는 토지라는 명확한 과세대상과 납세의무자가 토지의 소유자라는 명확한 기준을 가지고 있으나, 또 다른 조(調)는 지역 특산물, 즉 공물(貢物)을 과세물건으로 하고 납세의무자가 관아라는 점에 차이가 있다. 조(租)는 주로 쌀과 콩을 세금으로 받았지만 또 다른 조(調)는 필요한 물품들이 생산되는 곳에서 해당 물품을 직접 거두었다. 공법이 실시된 직후 조선의 재정수입은 조(租)에서 90%, 공물에서 10% 정도를 조달했다.

그런데 시간이 지나면서 세금제도가 변질되었다. 토지 소유자 대부분은 양반이었는데, 이들이 자신의 이익을 위해 조선 정부를 상대로 로비를 하여 조(租)의 부담을 낮추기 시작했고 그 부족분은 공물로 대체되었다. 이렇게 되면 양반들의 세금부담은 줄어들지만 양민들의 부담은 곱절로 늘어난다. 조(租)의 부과권자는 왕이고 납세의무자는 지역 관아인데, 관아는 그 부담을 양반이 아닌 양민에게 전가했다.

그런데 특산물도 시간이 지남에 따라 변경되었고 경제 환경의 변화의 영향에 따라 조(調)의 납부는 특산물 대신 쌀 등으로 일단 납부하고 난 뒤 그 쌀을 팔아 특산물을 구입해서 납세의무를 이행했다. 이 과정에서 뇌물을 받을 목적으로 고의로 퇴짜를 놓는 방납(防納)이 횡횡하였다.

이 폐해를 시정하고자 광해군은 1608년에 대동법(大同法)을 도입해 공물의 상납을 폐지하고, 그 대신 1결에 쌀12두(斗)를 징수하도록 하였다. 그 결과 양민들의 세부담은 획기적으로 줄어들어 종전의 20%만 부담하면 되었다. 그러고도 조선의 재정은 부족하지 않았다(그렇다면 나머지 80%는 탐관오리가 가져간 셈 아닌가).

요약하면 윤선도가 살았던 시대의 세금은 세종이 만든 공법과 광해군이 정리한 대동법이 병존하였으며, 양반의 세금부담은 낮아졌고 양민의 부담은 견딜 수 없을 정도로 높아졌는데, 대동법의 실시로 양민은 그 부담이 완화된 시기였다고 볼 수 있다.

그렇다면 윤선도는 세금제도 정비과정에서 무엇을 하였던가? 그역시 상당기간 관아의 수령을 지냈으므로 그 폐해를 익히 알고 있었을 것이다. 조선왕조실록에서 윤선도와 관련된 내용 중 세금과 관련된 내용을 보면 당시 참혹한 현실을 지적하고 있다.

"12월에 명하여 윤선도(尹善道)의 직첩을 도로 주게 하였다. (…) 봄철에 징수하는 삼남(三南)의 대동미를 감하도록 명하였다(…). 사농공상 가운데 오직 농민이 가장 괴로움을 겪고 있다. 추울 때에 밭갈이 하고 더울 때에 김매는 등 해가 다 가도록 부지런히 일하여도 굶주림과 추위를 면하지 못하는데, 고을의 관리가 조세(租稅)의 상납을 독촉하는 정치가 소요를 일으키고(…),"〈출처 : 현종 왕 행상〉

"심지어 바다 가운데의 바위돌까지도 모두 세(稅)를 거두고 있으니 그를 혁파하지 않으면 안 될 것입니다."〈출처 : 현종개수실록 9권, 현종 4년 7월 26일 신묘 6번째 기사〉

"10월에는 풍뢰(風雷)의 이변이 있었다. 왕은 재야의 유신(儒臣)들에게 실봉(實封)을 갖추어 아뢰도록 명하고, 백성의 전결이 몰래 궁가의 면세 전결에 등록되는 것을 일체 금지하였다."〈출처 : 현종개수실록 1권, 현종 대왕 행장(行狀)〉

이를 현대적으로 해석하면, 흉년이 들었을 때 납기를 연장하거나 가산세를 탕감하며, 체납된 세금의 징수를 독촉하지 말고(납부기한 연장), 세원관리를 철저히 하여 존재하지도 않는 과세물건에 대한 세금부과를 없애되 세금감면 사후관리를 철저히 하라는 것이다.

그렇다면 윤선도 개인의 세금은 어떻게 된 것일까? 그는 토지를 많이 보유하고 있었으므로 조(租)의 납세의무자에 해당할 것이다. 그런데 필자의 과문인지는 모르겠지만 그의 글에서 그가 부담하는 조(租)에 대한 불만을 담은 글은 찾아볼 수 없었다.

반면 징수권자의 입장에서 조(調)의 납세현장을 바라보는 몇 가지 시각은 그가 과거시험을 준비 또는 관료 재직 시절에 작성한 동시집(東詩集)에서 찾아볼 수 있다.

관리들 끝까지 탐하여 찾기를 독촉하기 바쁘니, 짜놓은 실 모두 바치고 말없이 울기만 하네. 빈 처마 아래 베 짜는 기계던져버렸으니 엄동설한을 무엇으로 막는단 말인가〈시 제목: 베틀과 북만 빈 채로 벽에 기대어 있네; 출처: 임귀남, 고산 윤선도 東詩集《私稿》選譯, 전남대학교 대학원, 박사학위논문, 2022. 135면〉

시골마을 잠시 조용하더니 세금을 독촉하고 그늘진 계곡을 오르는 얼룩 범이 끊었구려. 탐관들 내쫓으니 짐승도 사람에게 멀어져, 문득 사방 지역에 고아나 홀아비 기뻐하네〈시 제목: 호랑이가 많아지자 간탐들을 몰아내다; 출처: 임귀남, 위의 논문, 294면〉

이를 해석하면 첫 번째는 세금으로 납부하는 베의 양이 너무 많아 아예 그 베틀을 버렸다는 얘기이고, 두 번째는 공자가 태산을 지날 때 어느 여인이 묘 앞에서 통곡하고 있는 모습을 보고는 그 이유를 묻자 호랑이가 시아버지와 남편을 해치고 아들까지 해쳤다고 하니까 그럼 이곳을 왜 떠나지 않는가를 물어보니 그래도 이곳 태산은 가혹한 정치(苛政)가 있는 들판보다 낫다고 대답한 것에 본을 딴 것이다.

이로 미루어 짐작하건대, 적어도 고산은 이와 같은 조(調)로 인한 폐해의 심각성을 이미 충분히 인지하고 있었을 것이다. 그런데 여기에서 끝이다. 행정가로서 무리한 징세는 하지 않았을 정도로 보인다. 세금의 눈으로 볼 때, 고산은 세금이론서인 경세유표를 쓴 정약용, 대동법 제정과정에서 헌신한 이원익, 조익, 김육 등과는 거리가 있는 유유자적한 경세가로 보인다. 그리고 세연정에서 남은 인생을 즐겁게(?) 보냈다.

해남 땅끝마을에 서서 보면 윤선도의 보길도는 물론 정약용의 다산 초당, 정약전의 흑선도, 대흥사의 초의선사, 추사 김정희와 운림산방의 허련이 보인다. 장보고의 청해진도 손에 잡힌다. 고래힘줄 같은 역사가 묻혀 있는 곳이다. 이웃 일본에는 이미 포르투갈 상인들의 왕래가 빈번했는데 윤선도의 사고(思考)는 사서삼경과 중국 이외의 다른 곳에는 눈을 돌리지 못했을까.

그 하찮은 예송논쟁에 휘말려 아까운 시간을 유배지에서 보낸 것에 질린 것일까. 두 달란트를 받았으나 능히 다섯 달란트 이상을 남겼을 그였는데, 그리고 그가 맘먹기에 따라선 보길도를 뛰어넘어 르네상스를 일으킨 이탈리아 피렌체의 메디치 가문(Medici family)에 비견될만한 세계적 명문가문이 될 수 있었음에도 그의 인생은 세연정에서 그쳤다. 아쉽다.

마침 이 부근에서 멀리 않은 곳에 고향을 둔 IT기업가들이 수천억 원 이상의 기부금을 쾌척했다는 소식이 있다. 깨끗한 부자들의 타자를 향한 대가 없는 헌신은 우리나라를 새로운 차원에 올려놓을 수 있다는 기대감을 갖게 한다. 이름하여 '노블레스 오블리주(Noblesse oblige)이다. 이게 흥하면 나라가 살고 이게 없으면 나라가 망한다.

땅끝마을은 육지에서 보면 끝이지만 바다에서 보면 시작이다. 끝은 시작의 다른 말이다. 부모세대와는 달리 선진국에서 태어난 한반도의 젊은 세대에게 세연정을 뛰어넘는 문화의 창달과 도래를 기대한다.

(월간조세, 2022.8.)

30

국민개세주의와 거위 깃털 뽑기

세법은 text가 아닌 context라는 안경을 쓰고 해석해야 한다.

부동산 세금정책은 선거에서 승패를 가를 정도로 매우 민감한 주제다. 유권자 대부분이 관련된 세제이기 때문이다. 그렇다면 부동산 세금정책은 어떻게 짜고 어떻게 운영해야 할까. 필자는 프랑스 루이 14세 집권 시절 재무장관을 지낸 장 밥티스트 콜베르(Jean-Baptiste Colbert)의 철학을 곱씹어보고자 한다.

인간이 살아가는 데 필수적인 의식주(衣食住) 문제를 해결하는 건 역사 이래 정치·경제의 주된 목표였다. 의(衣)와 식(食)의 문제는 우리나라를 포함한 선진국에서 어느 정도 해결됐지만 주(住)의 문제는 아직 진행형이다.

의식주 같은 필수적 욕구의 충족이 어려울 경우에는 국가가 나서서 해결해야 한다는 점을 감안하면, 주택거래시 발생하는 세금은 가급적 억제할 필요가 있다. 자칫 세금저항이 발생할 수 있어서다.

합리적인 제도의 설계자라면 사회구성원이 같은 소득을 가져야 한다는 인민주의(Narodnism, 人民主義)적 '평등의식' 대신 누구든지 인간다운 삶을 보장받되 능력에 따라 더 누릴 수 있는 민주주의적 '공평의식'을 지향할 것이다.

그래야 부(富)든 지위든 완만한 상승곡선을 그릴 수 있기 때문이다. 이 과정에서 많이 가진 자는 세금이나 기부금을 통해 사회의 빈 곳을 채워줘야 하는데, 이게 '노블레스 오블리주'가 작동하는 영역이다.

이런 제도 설계 과정에서 "소득이 있는 곳에 세금이 있다"라는 국민개세주의(國民皆稅主義)와 '넓은 세원 낮은 세율'을 대변하는 '거위 깃털 뽑기' 방식이 자주 인용된다. 이는 프랑스 황제 루이 14세때의 재무장관인 콜베르가 주창한 것으로, 그는 권력과 부를 함께 거머쥐고서도 면세 혜택을 누렸던 성직자그룹(제1신분)과 왕족·귀족그룹(제2신분)에 국민개세주의를 적용해 세금부과를 실천했다.

콜베르의 말을 텍스트(text)가 아닌 콘텍스트(context)를 감안해 해석하면, 부동산 과다 보유자는 세금을 상대적으로 많이 부담하는 게 세금정의에 부합하다는 것이다(우리나라에서는 종종 이를 고소득자가 저소득자에게 세금 부담을 강요하는 논리로 사용되고 있다).

또한 그는 당시 시행 중이던 인두세(직접세)를 부과·징수하는 과정에서 여러 부정과 부패가 발생하고 있으니, 주된 세목을 간접세인 소비세로 바꾸고 납세자를 위해 낮은 세율(거위 깃털처럼)을 적용하자고 했다(우리나라에선 과세관청이 세금징수를 위해 이 논리를 사용하곤 한다). 그렇게 하면 콜베르는 징수체계가 간편해지고 부정이 개입될 소지가 적어져서 세금저항을 줄인다고 보았다.

그럼 우리나라 부동산 세제는 어떻게 할 것인가. 전문가가 해당 세법을 봐도 해석하기 어려울 정도도 난해하다. '부동산 투기를 잡겠다'면서 주(住)의 가격과 수(數)는 물론 소재 지역, 취득·양도시기까지 고려해 입법화했으니 복잡해질 수밖에 없다.

이런 점을 감안하면 차라리 납세자가 주도하는 세금 제도가 더 현실적일 것이다. 먼저 증여세를 예로 들어보자. 현행법상 가족에게 증여할 땐 비과세다. 다만, 10년 누적 증여액이 배우자 6억 원, 직계비속 5,000만 원을 초과했을 경우엔(초과분만큼의) 세금을 징수한다(이 기준은 간단하고 명료하여 국민들이 쉽게 이해하고 적용한다).

이처럼 양도소득세도 증여세 면세 한도와 마찬가지로 10년간 누적 관리하되, 비과세 범위를 설정해 그 안에서 이뤄지는 거래행위에는 세무 간섭을 최대한 배제하자는 것이다.

가령, 1주택자(2년 이상 실거주)가 거래를 통해 12억 원의 차익을 남겼다면 비과세다. 여기에 양도소득세 납부자의 평균 공제금액(국세통계연보의 결정내역)을 합친 금액을 양도소득공제액(예를 들면 증여세의 경우를 참조하여 1인당 10년 동안 10억원)으로 정해놓고, 이 가이드라인 안에서 이뤄지는 거래는 국가가 신경을 쓰지 말자는 것이다(자세한 금액을 산출하기 어렵지만 국세통계연보의 2019년 조사결정내역 및 비과세 신고 상황을 고려하면 10년 동안 공제받은 1인당 금액은 10억 원 정도로 추산할 수는 있다). 그러면 삶의 필수적 요소와 세금의 충돌 위험은 대부분 사라지며, 세법의 복잡함에 따른 세금이행비용의 감소는 덤으로 붙는다.

콜베르는 면세특권 계층을 없앴으며 쓸모없는 지출을 줄였고, 단순 명료한 세금정책을 수립해 국가재정의 건전성을 확보했다. 또한 사람이 생존하는데 포도주가 소금보다 필수적이지는 않다는 점을 들어 높은 세율을 부과했다. 이런 그가 인간 삶의 필수적 요건을 거래하는 행위에 관대했음은 두말할 나위가 없다. 서구의 재정·세금 정책이 콜베르 이전과 이후로 구분되는 이유가 여기에 있다.

정부는 집값 폭등을 막아야 하는 동시에 과도한 폭락도 방지해야 한다. 이런 점에서 콜베르의 세금정책이 주는 시사섬은 상당하나. 한국에도 콜베르 같은 재무장관이 출현하길 고대한다(그의 주장을 견강부회(牽強附會)식으로 억지해석은 마시고).

(더스쿠프, 2022.4.20.)

31

부동산 세제의 정석

거래세 비중은 낮추고 보유세 비중은 높이는게 부동산 세제의 정석이다.

집은 사는 것(buying)이라는 주장은 부동산 업자의 얘기이고, 사는 곳(living)이라는

절규는 실수요자의 얘기이다.

———

부동산투기의 근본 원인은 '서울 강남권'의 사회 및 교육여건의 우수함 등으로 인한 수요의 급증과 이에 대응하는 공급의 불일치에 있다. 반면 역대 정부 대책의 골격은 주택공급 확대보다는 금융대출을 억제하고, 세금 인상을 통해 수요를 차단하는데 있었다.

그러나 현금을 많이 보유하고 있는 부동산 투기자들에게는 금융대출이 필요가 없고 세금 부담도 그리 문제가 되지 않는다는 점에서 정부대책의 한계가 있다. 또한 서울 강남권에 양질의 주택을 공급할 수 있는 토지가 부족한 점도 정부의 집값 안정화 노력을 힘들게 하고 있다.

한편, 부동산투기는 정부가 자초한 점도 있다. 경기가 나쁘면 취득세율을 인하해서 임대에 몰려 있는 주택수요를 매매로 전환하고자 했으며 이게 잘되면 부동산 거래가 활성화되고 따라서 이와 관련된 건설업 등이 살아날 것으로 정부는 기대했을 것이다.

아무튼 부동산 세제의 정석(定石)은 부동산 거래 단계에서 부과되는 취득세, 양도소득세 등 거래세는 낮추고 종합부동산세, 재산세 등 보유 단계의 세금을 높이는 것이다.

그래서 부동산 매매거래가 세금 때문에 멈칫거리는 것을 제거하고, 아울러 불필요하게 부동산을 많이 보유하려고 하는 자에 대해서는 세금 때문에라도 그 욕구를 억제하도록 하는 것이다. 이게 부동산 세제의 본질이다. 부동산 거래시장을 부동산 세제가 앞서서 가로막고 있으면 안 된다. 물론 부동산 투기자는 예외지만 말이다.

지금 서울 강남권에 주택 수요가 몰리는 것은 이들 실수요자들 때문일까? 이들 근로자들이 받는 연봉을 10여년 이상 모아도 서울 강남권의 소형 아파트를 살수 없을 정도로 이미 값은 올랐다.

그렇다고 그린벨트를 해제하면서까지 주택을 공급하는 게 답일까? 그렇게 한다고 한들 이들이 해당 주택을 분양받을 수 있을 정도의 여력은 있을까? 신규주택을 공급하면 할수록 이미 집을 가지고 있는 자나 부동산 투기자에게 돌아갈 확률이 더 높지는 않을까하는 우려가 높다.

오히려 이들에게는 아직 개발되지 않는 강남권 공공부지나 역세권 부지를 고밀도로 개발하고 공공임대주택을 확충할 필요가 있다. 예를 들면, 용적률이나 층고의 규제완화를 통해 도심 노후 주택 밀집지역의 재개발과 재건축을 활성화하는 방안도 있다.

서울 시내 지하철 및 철도 차량기지나 유수지를 복개하고 그 위에 초고층 공공임대주택을 지서 신혼부부나 청년들에게 저렴한 임대료로 우선 공급할 수 있다. 교통이 편리한 곳에 위치한 주민센터를 포함한 공공기관 청사부지도 고층으로 복합 개발하여 저층부는 사무실로 쓰면서 고층부는 주거용도로 활용할 수 있다.

집은 사는 것(buying)이라는 주장은 부동산 업자의 얘기이고, 집은 사는 곳(living)이라는 절규는 실수요자의 얘기 아닌가. 정부정책은 후자에 집중하여야 한다. 그래야 경제적 불평등의 격차를 상대적으로 완화할 수 있기 때문이다. 왜냐하면, 실수요자들의 자금 능력으로는 이미 천정부지로 올라버린 집값을 견뎌낼 수 있는 능력이 부족하기 때문이다.

부동산 세금은 대한민국 국민 전체를 잠재적인 납세자로 설정한다는 점에서 대중세(大衆稅) 성격이 짙다. 대중세는 누구나 납세자가 될 수 있으므로, 무엇보다 세금부담의 예측 가능성이 높아야 한다.

주택을 구입하는 시점에서 보유나 양도와 관련한 세금부담액이 예측돼야 한다. 그런데 정부 대책을 발표하면서 갑자기 세금부담을 높인다면 이는 소급 과세 논란이 되고 헌법에서 보장하는 재산권을 침해할 가능성도 있다. 이래서 세금 제도는 예비적이거나 보조적으로 활용해야 한다.

반면 부동산 문제의 본질적인 해결은 부동산으로 해야 한다. 서울 강남에 이미 수백 미터 높이의 상업용 건물이 들어서 있다. 주택이라고 해서 높게 못 할 이유는 무엇인가.

세금은 건강한 세포조차 죽이는 항암제처럼 부작용도 적지 않다. 부동산에 세금을 부과하면 그 세금이 부담스러워 해당 부동산의 처분을 미루는 봉쇄효과(lock-in effect)가 나타난다. 장기간 보유한 부동산을 처분하는 경우 그 기간의 이익 전부에 대해 한꺼번에 세금을 내는 결집효과(bunching effect)도 있다. 보유기간 동안 물가상승으로 부동산의 명목가치가 높아져서 결국 높은 세율을 적용받는 인플레이션 효과등도 발생한다. 이와 같은 이유로 부동산에 과도한 세금이 부과되면 결국 부동산 거래가 위축되고 공급에 차질이 빚어지는 것이다.

필자의 프랑스 유학시절(1993년) 얘기로 마무리를 맺고자 한다. 식구 4명이 함께 하여야 했으므로 적어도 방 3개가 필요했다. 한 달 집세가 40만 원 정도라고 했는데 이사 후, 같은 평수의 위층 할머니

집은 20만 원 정도였다. 따져보니 그 나라 임대차 보호법에서 그렇게 규정하고 있다고 했다.

임차료는 빌릴 때를 기준으로 물가상승률과 적정한 이윤을 더한 가격으로 매년 인상한다. 그러니까 위층 할머니는 시집올 때부터 이곳 아파트에 임차하여 살고 있었으므로 나와는 임차료 산정 기준 출발점이 달랐던 것이다. 이러면 장기적으로 임차할수록 그 거주비용이 줄어들 수밖에 없다.

우리 식구도 오랫동안 그곳에 거주했다면 상대적으로 처음 그곳에 입주하는 가정보다는 훨씬 저렴한 비용을 지불했을 것이리라. 결국 한곳에서 오래 살면 살수록 월세가 상대적으로 낮아지는 구조였다. '같은 것은 같게, 다른 것은 다르게'라는 평등의 격언이 실제 삶의 현장에서 작동하고 있는 것을 체험할 수 있었다. 임대차 시스템이 이러하다면 굳이 집을 살 필요가 있을까.

에이, 당신이야 유학기간만 있다가 오면 될 일이고 만일 그 할머니가 주택을 구입했었더라면 지금 그 주택 값은 많이 올랐겠지? 그렇게 생각할 수 있다. 회계학에서 말하는 현재가치와 미래가치의 차이다. 판단은 각자가 할 일이다.

그러나 분명한 것은 때가 되면 다 놓고 떠나가야 하고, 절대자 앞에서 판단을 받아야 한다는 점이다. 왜 집을 많이 사두어서 애꿎은 젊은이들의 출퇴근을 어렵게 했느냐는 질문에 답을 준비할 사람이 많은 듯하다.

(서울신문, 2013.11.8.; 더스쿠프, 2022.6.21.)

32

만석보(萬石洑) 세금저항의 현대적 해석

국가의 재정건전성 및 공평과세를 유지하는 세금정책만이

세금저항을 예방하는 최선의 장치다.

역사적으로 세금저항은 사회정의에 어긋나는 세무행정에 대한 다수 납세자들의 집단적 항의나 시위 등 정치성을 띤 행위로 나타난다.

우리나라의 대표적 세금저항으로 1893년 호남평야 중심지인 전북 고부(정읍소재)에서 발생한 만석보 사건을 들 수 있다. 만석보는 만석(萬石)과 보(洑)의 합성어다. 만석은 '쌀 1만 가마', 보는 물을 가두는 '둑'을 의미한다. 현재 쌀 한 가마가 80kg이므로 만석은 80만kg이다. 2022년 기준 1인당 연간 쌀 소비량이 약 56kg임을 감안하면 14,300여명이 소비할 분량이 된다.

만석보가 있는 지역에는 동진강이 흐른다. 북쪽 태인 방향에서 내려오는 태인천과 남쪽 정읍 방향의 정읍천이 합쳐서 흐르는 강이다. 당시 태인천에는 팔왕보(八王洑)가 있었고, 정읍천에는 옛 만석보가 있었다. 그런데 1892년 고부군수로 부임한 조병갑이 이 두 물줄기가 합쳐지는 곳에 '신(新)만석보'를 쌓았다(북한강과 남한강이 합쳐진 경기도 양평 두물머리에 팔당댐을 만든 것과 유사하다).

조병갑은 신 만석보 건설을 위해 근처 농민들의 노동력을 강제로 동원하였다. 그리고 보가 완성된 뒤 물을 인근 농지에 공급하면서 사용료 명목으로 700여섬의 수세(水稅)를 징수하여 착복했다. 당시 노동자 일당이 쌀 5되 정도인데, 700여섬은 일용노동자 14,000명 정도의 분량으로서, 2023년 기준 일용노동자 일당이 20만 원 정도라면 약 28억 원 정도가 된다.

이외에도 그는 선친의 비각과 모친상 부조금 명목으로 3,000냥을 챙겼는데, 이 과정에서 비협조적이었던 전창혁(전봉준 부친)에게 곤장형을 가하여 사망에 이르게도 하였다. 당시 노비 1명당 평생 고용비용이 20냥 정도이었으므로, 이는 족히 50명 정도의 노비를 둘 수 있는 금액이다.

당시 군수는 지금과 달리 입법·사법·행정권을 모두 쥐고 흔들 정도로 막강한 권력을 행사하는 자였다. 그는 이를 남용하여 사익을 챙겼다. 참다못한 농민들이 전봉준을 주축으로 1893년 1월 고부관아를 습격하면서 동학농민운동이 발발하기에 이른다. 조병갑은 요행히 습격을 피하여 전주로 달아났다가 파면되어 전남 강진 고금도에 유배되었다.

그런데 승정원일기(承政院日記·2001년 유네스코 세계기록유산 등재)에 따르면, 고종은 동학농민운동 발발 5년 뒤인 1898년 조병갑을 고등재판소 판사에 임용하였다. 그리고 조병갑은 만석보 사건의 종교적 배경인 동학교의 교주 최시형에게 사형 선고를 내렸다고 한다. 보복이었으리라. 그런 부패한 자를 구제해서 판사로 임용한 고종이나 조선의 인사시스템을 보면 조선이 얼마나 깊은 중병을 앓고 있었는지 굳이 묻지 않아도 알 만하다.

당시 조선 정부의 재정은 만성적인 적자구조였다. 국가재정이 부도 사태에 직면하자 당시 세력가였던 민(閔)씨 정권은 화폐(당오전·當五錢) 발행을 통해서 위기를 타개하려 했지만 실패했다. 그리고 그 후유증으로 물가가 크게 오르는 악성 인플레이션에 시달렸다.

재정건전성을 확보하려면 면세(免稅)농지 축소와 부정부패 관리 퇴출 등 개혁 조치를 취했어야 했지만, 민씨 정권은 그럴 의사와 능력이 없었다. 오히려 붕괴된 징세기구를 통해서 자신들의 사익을 추구하는데 열중할 뿐이었다.

동학농민운동 직후 조선 정부의 세입은 총 500만 달러 규모였는데, 이는 토지세 400만 달러, 홍삼 판매액 40만 달러, 세관 수입 60만 달러 등으로 구성되어 있다. 그런데 전국의 토지세 합계액이 일부지역에서만 나는 홍삼판매액의 10배 수준에 불과하다. 국가의 주된 세입원인 토지세의 과세 및 징수체계가 붕괴되었다는 의미다.

그러나 당시 백성들은 총 2,000만 달러 정도의 토지세를 부담한 것으로 추산되는데 국고에는 달랑 500만 달러만 기록돼 있다. 차액 1,500만 달러는 탐관오리나 왕실에서 부정하게 챙겼고, 심지어 고종도 이중 일부를 빼돌려 홍콩 소재 은행에 100만 달러를 예치했다는 소문이 나돌았을 정도였다(장영민(1984), 「동학농민운동연구」, 한국정신문화연구원 한국학대학원 박사학위논문, 231면).

결국 서민들은 과중한 세금부담으로 피폐해지고 나라곳간은 새고 반면 양반이나 왕실들은 세금 면제 혜택을 받고, 탐관오리들만 배불린 격이다. 공평과세의 틀이 무너진 꼴이다.

여기에 고종의 국제정치에 대한 몰이해가 더해져 조선이 망했다고 생각된다. 결국 만석보 세금저항으로 촉발된 동학농민운동을 진압하기 위해 일본을 끌어들였다가 청일전쟁(1894-1895년)이 발발했다. 그리고 여기서 승리한 일본이 을사조약(1905년)과 경술국치를 통해 조선을 강제 합병하기에 이른다.

세금저항은 국가의 붕괴나 혁명을 불러일으킨다. 마그나카르타의 제정 및 프랑스 혁명의 배경에 공정하지 못한 세금정책이 있었음은 주지의 사실이다. 국방이 사람의 뼈에 해당되는 하드웨어라면 세금은 혈액에 비유되는 소프트웨어다. 이 둘이 항상 건강한 상태를 유지해야 국가가 지속 가능한 법이다. 국가의 재정건전성 및 공평과세를 유지하는 세금정책이야말로 세금저항을 예방하는 최선의 장치다. 그래야 나라가 산다.

(재정포럼, 2017.5.)

33

이재수의 난과 세폐(稅弊) 그리고 교폐(敎弊)

나라가 망할 무렵에는 탐관오리가 설치는 법이다.

조선 말기인 1901년 5월 이재수의 난(亂)은 제주도 서남쪽 끝 삼봉산 근처 대정마을에서 봉세관(捧稅官, 현재의 세무서장)과 그 추종세력의 부당한 증세와 행패에 맞서서 발생한 세금저항 운동이다. 그해 8월 11일자 미국 시카고 트리뷴지는 "조선왕실의 부당한 증세에 제주도민이 반발하였고 그 과정에서 300여 명의 천주교인이 학살되었으며 이를 진압하기 위해 프랑스 군함 2척과 조선인 병사가 제주항에 도착했다"라고 보도하였다.

대정마을은 조선 시대에 귀양 온 사람들이 주로 거주하였던 곳으로 추사 김정희 선생이 9년간 머물렀던 곳이기도 하다. 이런 사정으로 당시 제주도민의 절반 이상이 왕실에 소속된 관노비 신세였다. 난의 주동자 이재수 역시 관노비였다.

이 마을 입구에는 '제주대정삼의사비(濟州大靜三義士碑)'가 서 있다. 여기서 삼의사란 민란의 세 우두머리인 강우백과 이재수 및 오대현을 말한다. 이들은 왜 민란을 일으켰을까? 바로 '세폐'와 '교폐'가 선량한 민간인의 반감과 저항을 불러일으켰기 때문이다.

먼저 세폐를 살펴보자. 제주도는 땅이 척박하여 지세(地稅)는 과세 대상이 아니었다. 하지만 왕실에 진귀한 물품이나 지방의 토산물 따위를 바치는 진상(進上)은 남아 있었다. 진상이란 조선시대의 3대 세목인 조(租)·용(庸)·조(調) 중 마지막 조를 일컫는 말이다. 당시 진상 품목으로는 말, 귤, 한약재료, 표고버섯, 말총갓, 노루나 사슴의 육포 등 그 대상과 분량이 너무 많았다.

1900년대 초기는 조선이 망하기 직전이었다. 재정이 허약하면 천하 어느 정권도 지탱하기 어려운 법이다. 조선 왕실은 거덜 난 재정을 충당하기 위해 특별히 봉세관으로 강봉헌을 파견했는데, 그는 진상외에도 '목장세(牧場稅)'와 '화전세(火田稅)', '목장전세(牧場田稅)'를 신설하였다.

목장세는 목장에서 말을 도축한다고 하여 부과하는 것이고, 화전세는 목장의 일부를 개간하여 농사짓는다고 해서 부과했으며, 땅이 있으니 전세까지 내라는 것이었다. 이른바 '이중과세'도 아닌 '일물삼세(一物三稅)'가 된 것이다.

나라의 녹을 먹는 봉세관으로선 나름 '지하경제의 양성화'를 꾀하였는지는 모르겠으나, 민간의 세금부담 능력을 고려하지 않은 지나친 세금 공세는 세금저항 민란의 빌미를 제공하고 말았다.

나라가 망할 무렵에는 탐관오리가 설치는 법. 왕실에서 10을 요구하면 20, 30을 마련하곤 했다. 진상을 빌미삼아 토색질을 한 것이다. 나라에 바치는 물건은 꼬챙이에 꿸 만큼 적은데 관리들에게 주어야 하는 물건은 마차에 실어야 될 만큼 많다는 뜻을 지닌 "진상은 꼬챙이에 꿰고 인정은 바리로 싣는다"는 속담이 조금도 틀린 말이 아니었다.

또 다른 원인으로 교폐(教弊)를 들 수 있다. 당시 고종은 외국인 선교사나 신부에게 '여아대(如我待, 왕을 대하듯 하라)'라는 글귀가 적힌 칙령을 주었다. 이를 지니고 있으면 치외법권적 혜택을 누릴 수 있었다(이는 마치 암행어사가 지닌 마패와 같을 거라고 생각하였을 것이다).

그러나 예나 지금이나 권력이 있는 자에게 불성실한 인간들이 들끓는 법이다. 프랑스 신부의 '치외법권적' 위치를 이용하여 한 몫 챙기려는 자들이 제주도에 나타났다. 불량 신도들이었다. 이들이 법을 위반해도 관가에서는 어찌할 방도가 없었다. '여아대'라는 왕의 칙령이 적힌 패스포트(passport)의 눈치를 보았던 것이다. 심지어 제주 관리들조차 천주교에 들어가 보신하는 일까지 있었다고 한다.

한술 더 떠서 관가는 불량 신도들을 세금징수원으로 고용하였다. 시쳇말로 관청이 권력기관에 '알아서 기는 것'과 유사했다. 여기에 제주도에서 수산업을 하는 일본인들이 자신들에게 집중되는 제주도민의 반감을 프랑스에 전가하기 위해 무기 등을 공급하여 민란을 부채질하였다. 예나 지금이나 일본인들은 꽤나 간교했던 모양이다.

또한 천주교의 전래로 인해 입지가 좁아진 무속인들이 천주교에 대한 유언비어를 퍼뜨린 점도 이재수의 난을 촉발시킨 원인으로 작용했다.

결국 이런저런 폭정과 횡포를 참다못한 제주도민이 이재수를 위시하여 떨쳐 일어났으며, 그 과정에서 선량한 천주교인이 수백 명 사망하였다(선량한 천주교인의 입장에서 보면 이재수의 난은 또 다른 천주교 박해 사건일 것이다). 이를 진압하기 위해 프랑스 함대가 출동하고 조정에서도 군대를 파견하여 같은 해 10월 난은 진압되었다.

이재수는 서울에 압송되어 서울 청파동에서 참수되었다. 이를 배경으로 '이재수의 난'이라는 영화가 만들어졌고, 현오영 작가가 '변방에 우짖는 새'라는 장편소설을 발표하기도 했다.

이처럼 종교와 세금의 문제는 결코 그리 간단하지 않다. 중세 봉건시대 내내 이 문제로 시끄러웠음은 서양 역사가 말하고 있다.

예수님은 어떠했을까. 성전에 들어올 때 납부하여야 하는 '성전세' 문제로 시끄러웠을 때 예수님은 '그냥 납부하라'고 하셨다(마태복음 17:27). 괜스레 그들의 비위를 건드릴 필요가 없었기 때문이다. 예수님은 그 관리들을 포함한 전 인류의 구원에 목표가 있었기에 행여 세금 문제로 인해 그 목표가 차질을 빚을까 염려했기 때문이리라.

종교가 내심 돈 많이 벌고(세금 덜 내고) 복 많이 받는 것에 목적을 두고 있다면 그것은 이미 종교가 아니다. 사업자와 하등 다를 게 없다. 성실납세자의 입장에서 보면 이런저런 이유를 대면서 납세를 거부하는 종교인들은 세금으로 운영되는 세상에 민폐를 끼치는 존재이다. 그리고 또한 정치에 빌붙어 치외법권적 위치를 누리려고 하는 교폐적 행태라고도 볼 수 있다.

몇몇 치졸한 종교인답지 않은 사람들 때문에, 신실하게 예수님이나 부처님을 믿는 신도조차 사회 비난과 조소와 걱정거리가 된 것은 지극히 유감이다.

(재정포럼, 2015.8.)

34

세금저항의 근본적 발생원인

세금체계는 사회구성원이 감당할 수준에 맞추어 변해야 한다.

사회구성원인 인간이 세금을 납부해야 하는 논리적인 근거로서 프랑스 사상가 루소(Rousseau)를 들 수 있다. 그는 『사회계약론』에서 "우리 모두는 일반의지라는 최고의 명령 아래 공동으로 자신의 주권을 행사할 수 있다. 그리고 공동체의 한 부분으로서의 개인이 된다. 따라서 사람은 자유로워질 수밖에 없다"라고 하였다. 이는 자기의 자유를 포기한 대가로 자기 자신이 속한 사회의 안전을 담보한다는 말이다.

만일 그렇게 되지 않는다면, 영국의 철학자 토마스 홉스(Thomas Hobbes)가 말한 대로 '만인의 만인에 대한 투쟁'만이 존재할 뿐일 것이다. 따라서 이와 같은 혼란을 피하기 위해서 인간은 자기가 갖고 있는 고유한 몇 가지 권리를 버리고, 그 대신 사회의 안정을 얻게 되는 것이다. 즉, 인간의 사유재산권의 일부를 세금으로 납부한 결과, 사회가 안정적으로 유지된다는 논리이다.

이와 같은 사상은 1979년 프랑스 대혁명을 일으키는 주된 이론적인 근거가 됐다. 즉, 왕이나 절대군주가 사회 구성의 '알파'와 '오메가'가 아니라, 시민이 자기 자신의 권리를 유보한 대가로 형성한 것이 사회이므로, 사회의 주인은 결국 시민이라는 것이다. 따라서 현대역사가 바로 이 프랑스 대혁명에서 시작됐다고 하는 것도 과언이 아니다.

그런데 얼마만큼의 세금을 부담해야 하나?

인간의 경제행태는 '소득=소비 + 재산(저축 + 부동산)'이라는 공식으로 정리될 수 있다. 여기서 소득에 대해 과세의 초점을 둘 것인가, 소비 또는 재산에 둘 것인가는 정치권력의 의지나 철학에 따라 결정된다. 우리나라 역대 대통령 중에서 세금과 치열하게 맞서 싸운 정부는 박정희, 노무현 정부로 생각된다.

먼저 박정희 정부는 조국의 근대화를 위한 재원 마련의 수단으로서 소득세와 소비세를 동시에 증가시키는 전무후무한 작업을 했다. 즉, 종합소득세제를 도입해서 소득세 세입을 확대했고, 부가가치세제를 도입해서 거래의 투명화를 통한 소비세의 증가를 꾀했던 것이다.

지금 기준으로 생각하면 엄청난 사회적 저항이 있을 법 했지만, 그 당시는 워낙(?) 행정권이 강했던 시절이어서 외관상으로는 무사히 정착되는가 싶었다. 그러나 그 저항이 안으로 스며들어서 박정희 대통령의 주요 지지기반이었던 자영사업자들이 등을 돌리게 됐고, 이는 부마사태의 원인 중의 하나이었으며, 이 사태가 결국 10 · 26으로 이어졌다는 평가가 있다.

　반면, 노무현 정부는 부동산과 힘들게 싸운 정부이다. 즉, 부동산을 투기로 보는 시각이 강했던 것 같다. 부동산을 사고파는 것에 대한 양도소득세의 중과세 정책이나 부동산을 보유한 것에 대한 종합부동산세제의 도입이 바로 그것이다. 이와 같은 세제정책은 이른바 우리나라 '주류'세력의 반발을 불러 일으키게 됐고, 집권기간 내내 그리고 퇴임 이후에도 주류세력과의 갈등을 불러 일으켰던 요인 중의 하나임은 분명하다.

　한편, 이명박 정부는 '경제살리기'로 집약되는 목표를 향해서 증세보다는 감세정책을 펴고 있어서 이전의 정부와는 다른 모습을 보이고 있다. 감세는 결국 국가 채무의 증가로 이어진다는 것은 불 보듯 뻔한데 내가 납부하는 세금이 줄어들고 있으니, 내놓고 감세정책을 반대하는 흐름은 보이지 않고 있다.

　일시적인 감세정책에는 동의하지만, 과연 안심하고 있어도 될까? 부채는 내가 갚지 아니하면 내 자손이 갚아야 되는 것이다. 이를 갚지 못하면 결국 나라의 존재도 확실하지 않게 된다. 그 좋은 예가 1907년 대구에서 일어났던 국채보상운동이 아닌가.

선진국의 소득세 및 법인세율이 우리나라보다 낮은 나라가 과연 몇 나라나 되는가? 그리고 EU 국가 중 부가가치세 세율이 우리나라보다 낮은 나라는 과연 있기나 한가? 영국이나 미국 등은 고소득자에 대해 오히려 세금부담을 높이고 있다.

본시 인간이 '흔쾌히' 세금을 자기가 부담할 것보다 더 내는 사람은 그리 흔치 않다. 박정희 정부나 노무현 정부가 '나름대로'의 사상과 철학적 사고를 바탕으로 하여 소득세와 소비세를 증액하는 정책 또는 재산세를 중과하는 정책은 세금이론상으로는 흠을 잡을 데가 없다. "소득이 있는 곳에 세금이 있어야 한다"라는 명제에 누가 돌을 던질 수 있겠는가. 종합부동산세와 관련된 헌법재판소의 견해도 종합부동산세 자체에 대해서는 위헌이 아니라는 결정을 하고 있는 것으로 보아도 그렇다.

그러나 사회구성원인 인간은 그와 같은 명제에 대해 긍정적으로만 반응하지 않는다. 박정희 정부나 노무현 정부의 세금정책에 대해서는 이론적으로는 옳은 방향이었지만, 그 시대의 사회구성원들이 수용할 수 있는 '한계'를 넘어선 것일 수도 있다.

중학생에게 대학교 수학시험문제를 풀라고 하는 것과 유사했다고 한다면 무리한 생각일까? 따라서 세금정책을 수립할 때, 이와 같은 사회구성원인 인간의 한계를 솔직히 인정하고, 세금부담의 상한선을 둬서, 법이 정한 소득세와 재산세의 부담액이 납세자 소득액의 일정액 이상을 초과하지 못하도록 하는 방안을 마련하는 것은 어떨까 한다.

(한국세정신문, 2009.6.1.)

35

통일대박 그리고 통일비용과 통일세

통일대박의 꿈의 실현 가능성 여부는 통일비용 준비에 달려있다.

우리나라 대통령이나 국민은, 설사 북한이 핵실험, 무인기 침범이나 그 어떤 도발을 하더라도, 그들과 평화통일을 해야 하는 역사적인 숙제를 지니고 있다(북한의 도발에 강력히 대응하는 것은 별론으로 하고).

이는 헌법에서 평화적 통일을 하라고 요구하고 있기 때문이다. 한반도는 매년 봄, 긴장이 고조된다. 북한의 정치일정과 이에 대응하는 우리나라의 군사일정이 겹친 결과다.

물론 통일은 해야겠지만, 남북문제는 그리 간단하지는 않다. 각기 사정이 다르기 때문이다. 필자도 개인적으로는 빨치산의 피해자다. 고향 마을에 같은 날 제사가 25명이나 된다.

6·25 무렵 어느 날 저녁 그들이 동네를 급습해서 젊은이들을 모두 처형했기 때문이다. 필자의 부친도 그날 처형당할 뻔 했으나, 다행히 할머니께서 평소 걸인들에게 보리밥이라도 정겹게 대접했던 것을 기억한 당시 빨치산 우두머리가 그 처형장에서 제 부친을 몰래 빼내어 도망치라고 한 덕분에 오늘 제가 있게 된 것이다. 그러나 일가친척 대부분 그 때 학살당했다. 그들이 밉다.

가장 좋은 한반도 통일 시나리오는, 우크라이나에는 미안한 일이지만, 크림반도의 경우가 북한에서 발생하는 것이다. 즉, 북한의 최고인민회의(남한의 국회)가 북한을 남한에게 넘긴다는 결의를 하고 북한 주민이 투표를 통해 이를 확정한다. 그리고 이를 남한 국회에 전달하고 수용 여부를 결정한 뒤 최종적으로 대통령이 비준하면 통일이 완성된다. 동독과 서독도 이렇게 했다.

문제는 그다음부터 발생한다. 통일되면 북한 주민은 법적으로 남한 주민과 동등한 자격이 주어진다. 따라서 남한 노인에게 기초연금 20만 원이 지급된다면 북한 노인에게도 지급해 달라는 요구가 있을 것이다. 재정이 부족하다고 하여 북의 노인에게는 지급하지 못하겠다고 하면 그 혼란은 불 보듯 휜하다.

거주이전의 자유도 마찬가지다. 모두 다 따뜻한 남쪽에 내려와 살겠다고 하면 어떻게 하겠는가. 남쪽도 비좁다. 그래서 북한에 투자도 하고 식량도 보내줘 북한 주민들이 북한에 정착하게 해야 한다. 이런 통일비용은 어림잡아 1천 조원 정도 든다는 것이다. 통일비용은 연구단체마다 산출기준이 각각 다르지만 대부분 1천조 원 남짓한 돈이 들 것이라고 한다.

우리는 통일비용을 준비해 놓고 있기는 한가? 우리나라 예산 어느 곳을 뒤져 봐도 통일비용은 없다. 겨우 남북협력기금 1조 5천억 원 정도가 있을 뿐이다.

돈은 그렇다 치자. 마음은 어떠한가? 탈북자 3만 4천명 정도가 남한 사회에 살고 있는데, 우린 그들을 진정 형제로 포용하고 있는가? 남한이 탈북자 3만 4천명도 힘겨워하는데 그보다 1천배가 많은 북한 주민을 어떻게 감당하겠는가? 이래서 그토록 통일을 간절히 원해도 하늘이 들어주지 않는 것 아닌가 한다.

그러나 우리나라도 통일 대박이 될 가능성이 높다. 북한의 지하자원 값만 7천조 원을 상회한다고 한다. 통일비용 1천조 원을 감안하면, 시쳇말로 7배가 남는 장사다.

독일은 통일비용으로 약 3천조 원 정도 들었다고 한다. 대부분은 사회보장비용과 동독 토지소유권 보상비용이다. 그들은 통일전 10년 전부터 매년 100억 달러씩 통일비용을 마련해 뒀고, 통일 뒤 부족한 통일비용은 통일채권과 통일세를 통해서 조달하였다. 그리고 통일독일은 그간의 지불한 통일비용을 훨씬 뛰어넘는 통일 효과를 누리고 있다. 유럽의 초강대국이 된 것이다. 이게 진정한 통일 대박이 아닌가.

우리나라도 통일대박을 꿈꾸고 있다면, 통일비용을 지금부터라도 준비해야 한다. 통일비용은 전쟁 비용과 다르다. 전자는 통일후 발생하는 치료비이고 후자는 통일 전에 포탄과 전투 비행기를 사두는 비용이다. 정부는 후자에 대해서는 적극적으로 준비하고 있으나 전자의 경우에는 관심 밖이다.

그러나 통일비용은 잘 준비만 하면 1천조 원이 다 들어가지 않을 수 있다. 미리 준비하면 된다. 그 대표적인 것이 북한 영유아 돕기다. 이들은 통일한국의 소중한 인적자원이 될 가능성이 높다. 지금 북한 영유아에게 10만 원 투자해 그들이 건강할 경우, 이는 그들의 건강이 나빠 통일 이후 병원 신세를 질 때 들어갈 비용과 비교하면 몇십배 투자효과가 난다. 이런 점에서 박근혜 대통령의 북한 영유아와 산모돕기 제안은 평가받을 만하다.

그리고 마음을 여는 작업도 필요하다. 이는 종교단체의 몫이다. 독일 통일과정에서 동·서독 교회의 교류를 빼놓고 얘기할 수 없는 것은 다 이런 이유 때문이다. 이들의 교류를 확대할 필요가 있다. 마음의 상처와 갈등을 종교가 일정부분 감당할 수 있다. 종교단체를 통해서 지원하는 10만 원은 정부가 지원하는 것보다 훨씬 거부감이 없다는 것은 이미 동·서독의 교류가 입증하고 있다.

마음의 상처를 치유하는 비용이 상상을 초월한다. 70년 이상 분단돼 살았으니 얼마나 많은 상처가 남아 있겠는가? 이게 정리되지 않고 통일된다면 그 후유증 치료비용은 천문학적일 것이다. 그러나 아이가 아픈데 병원에 가면 상당한 수술비(통일비용)가 든다고 치료를 포기하는 부모는 없을 것이다. 치료 후 아이가 부모에게 줄 행복(통일편익)은 수술비의 몇천 배가 될 것이다. 이런 점에서 박근혜 정부의 '통일은 대박' 발언은 틀린 말이다.

이와 같은 과정을 통해서 통일비용을 최소화하는 작업을 바로 시작하고, 경제여건을 봐서 통일채권 발행이나 통일세 도입 등을 통해서 통일비용을 조달하면 된다. 오히려 통일세를 지금부터 징수한다면, 국민 마음속에 통일의 당위성이 의식적이든 무의식적이든 뿌리내릴 것이다.

통일에 대한 관심 없음이야말로 가장 우려스러운 대목이다. 그러고도 부족하다면 해외자금을 이용한 통일펀드를 발행하면 된다. 북한의 지하자원 값만 7천조 원이 된다고 하니 아마도 펀드 발행은 어렵지 않을 것이다.

통일은 분명 대박이 될 수 있다. 그러나 준비되지 않은 국가에게는 찾아오지 않는다. 찾아와도 재앙이 될 수 있다. 미리미리 통일을 준비하고 통일세로 통일을 완성하자.

사족이지만, 남한의 선을 악으로 갚는 북한은 밉다. 그렇다고 남한이 어디로 이사 갈 수도 없는 노릇이다. 총을 들고 휴전선을 넘어가는 것은 국제규범에 맞지도 않는다. 강대국의 통일 훼방 수작을 꿰뚫고 민족의 혈로를 찾을 수 있도록 남과 북이, 뱀 같은 지혜로움과 비둘기 같은 순결함으로 무장하여, 구체적인 통일방안과 합리적인 재원 마련 방안을 제시하면 국제사회에 수긍하고 동참할 것이다.

북한은 통일을 포기하고 남한은 대한민국으로 호칭하는 등 다른 국가로 부른다고 한다. 하지만 이는 그들 생각일 뿐이다. 대한민국의 헌법상 대한민국의 영토는 한반도와 그 부속도서이고, 현재 북한은 형편상 그들이 지배하고 있을 뿐이다.

탈북자들이 남한에 오면, 그들이 간첩 등 이적행위자가 아닌 이상, 별도의 국적취득 절차 없이, 남한의 주민등록증과 여권을 발급해준다. 우리나라 헌법은 그들은 태어날 때부터 대한민국 국민이라고 보고 있다.

(한국세정신문, 2014.4.14.; 아시아경제, 2020.2.11.)

36

평양에서 생각해 본 통일과 통일비용 조달 방법

역사의 주인은 '꿈꾸는 자'의 것이다. 통일도 그러하다.

2000년대 어느날 며칠 동안 북한 모기관의 초청에 의해 평양과 지방 몇 곳을 방문하고 돌아왔다. 몇 년 전에도 비슷한 경로를 통해서 다녀왔는데, 다시 보는 평양은 많이 나아져 있었다. 전력 사정도 그런대로 좋아졌고 길거리에 자동차가 제법 많이 다니고 있고 평양 주민들의 옷과 차리고 사는 모습이 나아 보였다. 특히 거리의 색깔도 많이 다양해진 것은 북한의 변화조짐으로 봐도 무리가 아닌 듯하다.

남한의 자동차 색깔이 검은색에서 파란색 등으로 변화되었던 때는 남한의 다양한 욕구를 차에 반영한 결과였다. 그런데 러시아의 경우 석유달러 유입으로 인한 상대적인 여유와 자유스러움이 길거리 색의 변화로 나타나기 시작했었던 점을 생각하면, 북한 길거리의 색의 변화는 유의 깊게 살펴볼 필요가 있다고 본다.

그곳 주민에게 요즘 사는 형편을 물어봤더니 "고난의 행군시절('96년 식량 부족으로 수백만의 주민이 죽었던 기간)보다는 많이 나아졌지만 긴장해야 될 부문이 좀 있는데 그중에서 식량이 제일 걱정입니다"라고 걱정스레 말한다. 아직도 상당히 어렵다는 뜻이리라.

북한을 어떻게 봐야 또는 다뤄야 하는가? 이 질문에 대한 답은 너무 어렵고 내 전공도 아니다. 다만 남한의 대학교에서 학생들을 가르치고 있는 자로서 생각할 수 있는 정도만 언급할 수는 있을 것이다. 남한에서 북한을 보는 시각은 크게 두 가지다. 껴안고 갈 것인가 아니면 타도(정복)의 대상인가.

좋은 예가 '평양과학기술대학'이다. 이 대학은 남한의 여러 단체가 협력해 준비했고 완공을 눈앞에 두고 있다. 그런데 마지막 걸림돌이 남아 있다고 한다. 남한에서 평양과학기술대학을 보는 '시각의 차'가 바로 그것이다.

그 하나는 대학을 설립하는 것은 좋으나 북한이 그곳을 통해서 과학발전을 이루고 그 결과로 무기를 만들어서 남한으로 그것을 사용하면 곤란하다는 것이고 다른 하나는 그럴 가능성이 있음에도 불구하고 교육의 분야이니 투자를 해서 북한 수준을 남한의 일정 수준까지 따라오게 하는 것이야말로 '사람이 할 짓' 이라는 주장이 바로 그

것이다.

그 연장선상에서 살펴보면, 북한을 변화시키기 위해 '퍼주는 것'도 가능하다는 주장과 지금까지 그리 퍼줬음에도 불구하고 관광객 등 뒤에다 총이나 쏘고 핵이나 개발하였으니 이제 '국물'도 없어야 한다는 주장도 있다. 다 일리가 있는 주장 같지만 차이는 '북한 사람'을 보느냐 아니면 '북한 체제'를 보느냐의 차이이다.

이곳에 와서 보니 북한 살림살이가 좀 나아진 것은 중국으로부터 돈이 좀 들어온 모양이다. 북한이 경제의 어려움을 덜기 위해 중국과 협정을 체결해 무산의 철광 채취권, 남포 앞바다의 석유탐사권 등 여러가지 자원개발권을 중국에 넘기고 몇푼 돈이 들어온 것이 그 이유 중의 하나라고 같이 방북한 경제학자의 진단이다.

이는 조선말기의 운산 금광, 경원과 종성의 사금광 채굴권, 압록강과 울릉도의 삼림 채굴권 등을 팔아넘긴 것과 유사하다. 북한도 생각이 있는 집단이라면 그러면 안된다. 이왕 넘길 것이라면 남한 기업에 넘겨야 통일이 돼도 문제가 없는 것 아닌가.

통일을 생각하면 머리가 아프다. 통일된 뒤에도 통일한국은 북한이 이미 체결한 중국과의 협정을 지켜야 하나? 장차 통일을 해도 땅은 차지했지만 빈털터리인 북한만 접수하는 것은 아닌지 걱정이 든다. 통일 독일은 동독이 다른 국가와 체결한 조약을 그대로 준수한다고 선언하였다. 한 국가 또는 정부가 체결한 조약이나 협정이 이처럼 무서운 것이다.

오죽했으면 이명박 대통령이 국민의 불만이 그리도 많음에도 불구하고 이미 서명한 쇠고기 협정을 '개정'하지 않고 겨우 '추가 협상'을 통해서 국민의 뜻을 반영했을까. 조약이나 협정의 파기는 파산선고 또는 전쟁 수준의 긴장을 요하는 것이다. 통일한국이 북한과 중국 사이에 이미 체결된 조약을 안 지킨다고 한다면 중국이 한반도 통일에 대해 가만히 구경만 하고 있지는 않을 것이다.

진정 통일을 생각한다면 지금부터라도 말로만 할 것이 아니라 실질적인 준비를 해야 한다. 지금 우리네 사정이 어렵지만 그래도 준비를 해야 한다. 멀리 생각할 것도 없다. 시골 가난한 농부들도 자식들을 위해서 소도 팔고 논도 팔아서 자식들 교육시킨 덕분에 우리가 이처럼 잘 살고 있는 것이다. 당장 어렵다고 해서 교육을 포기했더라면 오늘의 한국은 없었을 것이다. 겨우 국민소득이 5천불 왔다 갔다 하는 일본의 하청공장 정도가 아니었을까.

그렇다면 800조 원 정도를 어떻게 마련할 것인가? 20년 동안 매년 적게는 30조 원에서 많게는 40조 원을 어떻게 마련할 것인가? 현재 우리나라의 국세로 징수하는 세금이 160조 원 정도이므로, 현재보다 국민들의 세금부담이 25% 정도 늘어나야 된다는 결론에 이르게 된다. 일반적으로 거론되는 방법으로는 통일세 신설방안, 국공

채 발행 방안, 해외자본 유치 등이 거론된다. 그러나 이 모든 방법에 대한 논의조차 시작되지 않은 것이 우리 현실이다.

통일비용으로 세계잉여금을 생각하면 어떨까. 세계잉여금은 정부가 세입예산 중 쓰고 남은 세출 불용액을 의미한다. 우리나라의 경우 예산회계법에 따라 정부의 모든 지출은 예산에 반영돼야 하지만, 세계잉여금은 국채의 원리금상환이나 정부의 채무 변제에 국회의 동의없이도 사용이 가능하다.

이와 같은 세계잉여금을 통일비용을 적립하는 경우, 별도의 조세의 신설이나 부담률의 증가 없이 통일재원을 마련할 수 있는 장점이 있다. 2007년도의 경우 총 발생 세계잉여금은 7조 원 상당에 이른다. 물론 우리 경제의 어려움을 극복하기 위해 이 재원이 소중하게 사용이 돼야 하지만 통일을 위한 준비금으로 사용될 수는 없는가?

평양 옥류관에서 냉면을 먹으면서 내 옆에 있는 북한 당국자에게 물어본다. "지금 정치적으로 남북관계는 상당기간 어려울 것 같다. 그러니 민간단체의 교류를 확대하자. 그러기 위해서는 투명성이 중요하다. 예를 들면 남한의 교회니 절이나 성당에서 북한의 한 동네나 학교를 1대 1로 지원할 터이니, 선정을 해달라. 그러나 분배의 투명성은 보장해 달라"라고 하며 동독과 서독의 경우도 그러했다는 취지로 설명했다.

그러나 돌아온 답은 이렇다. "안 선생의 뜻은 잘 안다. 그러나 안 선생의 제안은 현재로선 어렵다. 만일 한 동네를 추천해 주면 그 동네는 남한의 지원으로 잘 살 것이다. 그러나 그 옆동네는 어떻게 하느냐? 북한체제상 모두가 평등하게 사는 것이 목표이므로 따라서 남한 지원품을 모두 거둬서 똑같이 나누는 것이 북한 체제이다."라는 답을 한다.

  내 질문이 이어진다. "아니 그러면 남쪽에서 지원해 준 물건이 우선적으로 공산당원들이 다 차지한다는 비난이 있을텐데?" 그쪽 대답은 "남쪽의 비난을 잘 알고 있지만 북쪽 체제상 그래도 할 수 없다"라는 것이다. 잘 먹었던 평양냉면이 목에 꽉 걸리는 순간이다. 사람보다 체제 유지가 급한 그들이 한없이 불쌍해 보였다. 이즘(ism)에 붙들린 북한이 언제나 해방되는가?

  역사의 주인은 '꿈꾸는 자'의 것이다. 바로 우리 가난한 부모들의 논을 팔아서 시킨 자식공부가 그러했고, 도산 안창호 선생이 가혹한 일제의 압제에서 벗어나고 해방을 얻기 위해서는 때를 기다리며 부지런히 실력을 쌓자고 하는 '무실역행(務實力行)' 정신이 그러했으며 오늘날 세계 경제를 쥐락펴락하고 있는 유대인들이 억압에서 시달릴 때 요엘 선지자의 '늙은이들은 꿈을 꾸고 젊은이들은 환상을 보리라'하는 날카로운 외침이 오늘 우리나라나 이스라엘을 있게 한 것이라고 생각한다.

그런데 세상일에 이해할 수 없는 부분이 많다. 근대역사상 우리나라의 큰 문제는 일본 억제로부터의 '해방'과 6·25 전쟁 이후에는 '민주화'이고 그리고 현재는 '통일'이라는데 대부분의 학자들의 공통된 생각이다. 앞의 두 가지는 해결됐다지만 그 혜택은 반대세력에게 더 많이 돌아갔다는 것이다. 일제에 협력했던 사람들은 해방 이후에도 계속 잘 살고 있는 반면 독립에 헌신했던 사람이 잘 산다는 소식은 듣기 매우 어렵다. 민주화에 무관심하거나 거부감이 있었던 사람들은 여전히 부와 권력을 누리고 있다.

통일도 그러할 것이다. 통일을 반대한 사람은 통일 이후에는 북쪽에 부동산관련 '투자'를 많이 해서 돈을 벌 것이고, 정작 통일을 위해 혼신을 기울인 사람들에게는 겨우 상장 몇 장 정도일 것이다. 그게 세상일이다.

사족이지만 그래서 부처님, 하나님이 계시는 것 같기도 하다. 세상에서 '그런 방법'으로 잘 살았다면 그분들이 계시는 그곳에서는 그렇게 세상에서 잘 살고 온 사람들을 좀 '다르게' 대접을 하지 않을까.

북한을 어떤 시각에서 접근해야 하는가? 어려운 문제이지만 결국 북한 사람을 어떻게 봐야 하는가의 문제일 것이다. 인간이 만든 아무리 좋은 체제라도 시간이 가면 변한다. 그들의 무력책동에 우리가 철저하게 대비해야 하는 것은 당연한 것이다.

그리고 중요한 것이 북한학생이나 어린이들에게 관심을 가지는 것이다. 지금 영양실조에 걸린 북한 아이들도 나중엔 통일한국의 구성원이 되고 '주체사상'에 몰입된 청소년들도 나중엔 투표권이 있는 통일한국의 성년이 될 것이다. 통일이 되고 난 뒤 영양실조에 걸린 아이들의 치료비용과 '오염된 사상'으로부터 치료하는 재교육비용이 오히려 경제관점에서 본 통일비용 못지않게 더 많은 노력과 비용이 들 것이다. 이들에 대한 남한의 관심은 지속될 필요가 있다.

아무리 먹을 것이 없어도 내년에 쓸 종자는 먹지 않는 법이다. 그래야 미래와 꿈이 있기 때문이다. 평양 대동강 물과 묘향산의 공기가 한없이 측은해 보인다.

(한국세정신문, 2008.9.10.)

37

평양세무서장이 되는 꿈

내가 꿈속에서라도 평양세무서장이 되는 날이면
한반도는 남한 주도로 평화통일이 완성된 날일 것이다.

외람되지만, 내 평생소원 중 하나는 '평양세무서장' 한번 하고 싶다는 것이다. 정식 세무서장은 어렵다면 일일 명예세무서장이라도 상관없다. 관직에 목말라서가 아니라, 평양세무서장을 할 정도가 된다면, 그때는 한반도의 평화가 정착되었을 것이기 때문이다.

통일의 방법은 평화적이어야 한다. 우리나라 헌법 제4조에서도 분명 "대한민국은 통일을 지향하며, 자유민주적 기본질서에 입각한 평화적 통일 정책을 수립하고 이를 추진한다."라고 쓰여 있다. 필자는 주제넘게 시리, 몇 번 북한을 방문할 기회가 주어졌다. 그때마다 대동강이나 을밀대를 거닐면서 내가 평양세무서장이 되는 꿈을 꾸곤 했었다.

평양은 주로 북경이나 심양에서 고려항공을 타고 들어간다. 압록강을 넘어갈 무렵, 기내방송이 있다. 밑에 보이는 것이 압록강이라는 것이다. 하지만 중국의 산은 푸른데, 북쪽은 민둥산이다. 산을 개간해서 속살이 훤히 보인다. 한없이 짠하다.

한번은 북경공항에서 억류될 뻔도 했다. 탑승수속을 마치고 고려항공 트랩을 오르는 순간, 내가 가지고 있는 탑승권의 이름과 내 여권이 같지 않아서다. 여권은 〈안창남〉인데 탑승권은 〈왕서방〉의 것이었다. 나는 분명 출국심사대에서 받은 탑승권을 가지고 왔는데, 출국심사공무원이 다른 사람의 탑승권을 내 탑승권과 함께 내게 준 것이다(내 탑승권에는 출국도장이 없었다).

연락을 받은 중국공안원이 달려와서 날 비행기 옆 후미진 곳으로 몰아세우더니 어찌된 일인지 설명하란다. 아니 내가 뭘? 나는 '당신네 공무원이 주는 것을 받아왔을 뿐이다. 그 공무원에게 물어보아라.'고 쏘아붙였다. 혹시 북한에 밀입국하려는 사람? 별별 생각을 그들은 했을 것이다. 내가 중국공안원과 거친 말씨름을 하고 있는 동안 승객들은 영문도 모른 채 비행기에서 갇혀 있었다. 결국, 출국심사대 공무원이 스탬프를 들고 와서 원래 내가 가지고 있는 내 탑승권에 도장을 찍어 주는 것으로 소란은 끝났다(정확한 이유는 지금도 모른다).

북한 방문 막바지에 어느 가정을 방문하게 되었다. 마침 내 옆에 있는 분과 통성명을 하고 본관이 어떻게 되는지를 물어보았다. 본관? 그게 뭡네까? 북한은 6.25 동란을 겪으면서 호적이 대부분 비행기 공습으로 불타서 이를 다시 복구할 때 본관은 모두 삭제 했다고 한다.

그 무렵 나는 북한 관리들의 상투적인 얘기에 그리고 너무 형편없이 사는 서민들을 보고 맘이 무거웠다. 불쌍한 맘이 들어, 안내원이 없는 사이, 얼마 안 되지만, 내 주머니 속에 있는 외화를 손에 잡히는 대로 쥐어서 건넸다. 혹시 받지 아니하면 어쩔까 걱정했지만 기우였다. 그가 얼른 받는다. 그때 감정이 복받쳐서 그를 부둥켜안고 참 많이도 울었다.

내가 안 돌아오니까 안내원이 허겁지겁 달려왔다. 내게, "안 선생, 내가 이러지 말라고 했지 않습네까. 참…". 서로 어색한 침묵의 시간이 지났다. 그 영민한 안내원인들 왜 내가 분통을 터트리고 있는지 모를 리 없을 것이다. 방문단을 태운 버스 안은 모두가 숙연해졌고 일부는 덩달아 나와 같이 훌쩍거리기도 했다. 그들도 나처럼 북한의 상투적인 선전내용과 북한 주민의 실생활의 격차가 너무 나서 심란해 있었을 것이다.

그때나 지금이나 북한의 최대 관심은 외화 유치다. 김정은 국무위원장도 흥남, 혜산 등에 경제특구를 21개 정도 만들겠다고 한다. 근데 북핵 위기 국면이 지속되는 한, 어느 외국자본이 북한에 투자를 하겠는가.

북한 헌법 제25조에 따르면 "세금이 없어진 우리나라에서 늘어나는 사회의 물질적 부는 근로자들의 복리증진에 돌려진다."라고 쓰여 있다. 그러나 북한 재정수입의 대부분은 국영기업소가 소비재를 판매하면서 일정 금액을 추가하고 있는데, 외형적으로는 세금이 없지만, 실제 우리나라의 세금과 유사한 형태가 존재하고 있다(거래수입금(우리의 부가가치세와 유사), 국영기업소의 소득 중 일부를 국가에 납부하는 국가기업이익금(우리의 법인세와 유사), 국가로부터 공급받은 생산수단에 대한 사용료 성격의 협동단체 이익금과 서비스 업체의 소득금액에 일정 비율을 곱하여 산출된 봉사료 수입금 등으로 구성한다).

북한도 「외국인투자기업 및 외국인 세금법」이 있다. 즉, 북한의 입장에서 볼 때 북한에 소득이 있는 외국기업과 비거주자에게는 세금이 부과되고 있다.

그래서 내가 제안을 했었다. 김일성대학에 세무학과를 만들어서 유능한 세무공무원을 양성해야만 나중 북한경제가 개방되었을 때 적정하게 과세를 할 수 있을 것이며, 외화벌이 중 최고로 좋은 것은 세금이고, 혹시 강의할 사람이 없다면 내가 강의해 줄 수도 있다고 했었다. 그들이 내말을 듣고 열심히 뭔가를 적기는 했었다.

어찌하다보니 분에 넘치게 개성공업지구 세무자문단장을 맡고 있다. 그런데 개성공업지구에 진출한 우리 기업을 대하는 북측 세무공무원의 태도를 보면 마치 우리나라가 개발도상국 시절의 세무공무원이 외국자본을 대하는 태도와 유사한 점도 있었다.

개성공업지구 세금규정 제29조에 따르면 이익이 나는 해로부터 5년간은 100% 감면, 그 뒤 3년간은 50% 감면하는 조항이 있다. 2016년 개성공업지구가 폐쇄될 무렵에는 그 감면기간이 끝났거나 끝날 무렵이 되었다. 이때 북한 세무공무원이 개성공업지구에 입주한 남측기업에 대해 세무조사를 하면서 많이 사용한 방법은 실질과세원칙, 부당행위계산부인, 이전가격 세제 등이었다. 그들도 초보적이나마 OECD의 모델조세조약의 변동 움직임이나 BEPS(다국적기업들의 조세회피를 차단하기 위한 종합행동계획)의 실행 취지를 알고 있는 듯했다.

물론 남측기업이 불편부당한 취급을 받을 땐 남북 사이에 체결한 이중과세방지협정에 따라 해당문제를 처리할 수 있다. 하지만 법은 멀고 주먹은 가까운 법. 그들의 세무행정 집행은 국고 주의적 행태를 지니고 있어서 남측기업들이 애를 먹곤 했었다. 억울하면 소송하라는 태도는 개발도상국 시절의 우리나라 세무공무원이나 현재 개성공업지구 세무공무원이나 크게 다를 바 없을 것이나.

개성공업지구 세금규정의 조문은 얼마 되지 않는다. 그리고 그 분량도 불과 십여 쪽에 불과하다. 어느 사회든 법에 규정하고 있지 않은 사항은 관습과 조리(條理, 사회통념)로 푼다. 그런데 이게 남북분단의 시간만큼 차이가 있다. 법은 멀고 주먹은 가까운 법이다.

디테일에 악마가 숨어 있다는 말처럼, 법조문 해석기준 및 남북의 관습과 조리(條理) 차이로 인해, 남측기업은 실제 세금을 납부하는 과정에서 북측 세무당국과 숱한 마찰을 빚었다. 개성공업지구가 다시 열리거나 북한의 다른 지역에 우리나라 기업이 진출할 경우, 북한에 대해 세금 규정의 보완을 요청해야 한다. 그것도 국제기준에 맞도록 해야 한다. 세금분쟁이 발생했을 경우 이를 적법절차에 따라 처리할 수 있는 제도는 물론 제3의 기관에 의한 중재제도의 도입도 필요하다고 본다.

이제는 남북관계가 차갑게 굳어져 가고 있다. 언제일지는 모르겠지만, 만일 먼 장래에 내가 평양세무서장을 하고 있다면, 남북이 평화적인 방법으로 통일을 하였을 것이다. 북한의 지하자원을 확보하기 위한 경쟁도 벌어질 수 있다.

그 무렵엔 북한의 세금도 남한의 세금제도와 유사한 방향으로 통일되어 있을 것이다. 거주자와 내국법인에 대해서는 속인주의 과세원칙이 비거주자와 외국법인에 대해서는 속지주의가, 소비에 대해서는 소비지주의 과세제도가 시행될 것이다. 기업회계기준은 물론 국제기업회계기준도 동일하게 적용될 것이다. OECD 모델조세조약에 따른 조세조약의 체결은 물론 BEPS에 따른 대응방안 마련도 되어 있을 것이다.

그리고 무엇보다도 중국의 동북3성(랴오닝성, 지린성, 헤이룽장성)은 우리의 배후 생산기지나 소비시장으로 될 가능성도 높다. 그렇다면 적어도 경제 측면에서 볼 때 그 옛날 고구려의 영토가 다시 우리의 영향권에 들어오는 셈이다.

고구려 멸망 이후 우리 역사에서 사라진 만주 벌판이 1,400여년 만에 다시금 우리 경제생활권에 들어오는 것이다. 생각만 해도 가슴이 벅차오른다. 이땐 젊은이들의 꿈이 무한대로 펼쳐질 수 있을 것이다. 베이비부머 세대에게는 북한의 사회간접시설 개발을 위해 다시 취업할 수 있는 기회가 무궁무진할 것이다. 남북관계가 잘 되었으면 한다. 한번 해보자.

(조세플러스, 2018.6.)

38

인플레이션세(Inflation Tax)

물가가 오르는데 세법상 공제금액은 오르지 않는 것은 증세의 또 다른 이름이다.

물가 오름세가 심상치 않다. 2008년 글로벌 금융위기 시절의 물가상승률과 유사하다.

물가는 어떤 상품의 공급보다 수요가 커지면 상승한다. 공급 능력은 한계가 있는데 정부 지출이 늘거나 국채를 발행하는 경우에도 화폐가치가 하락하며 물가가 오른다. 또한 수요는 일정한데 외부 요인으로 공급이 줄어도 물가가 오른다. 최근 러시아–우크라이나 전쟁 여파로 원자재 공급이 차질을 빚으며 나타난 가격상승이 대표적이다.

물가가 전반적으로 오르는 인플레이션은 봉급생활자의 실질소득 감소로 이어진다. 연봉 5,000만 원인 샐러리맨의 경우, 물가가 10% 오르면 실질소득은 10% 줄어든 4,500만 원이 된다. 감소액 500만

원은 세금고지서도 없이 월급쟁이 호주머니에서 소리 소문 없이 정부가 가져간다는 의미에서 '인플레이션 세'라고 일컫는다.

논의를 근로소득세로 좁혀서 보면 더 심각해진다. 근로소득세는 '(①임금총액-②근로소득공제액-③배우자 공제 등 인적공제)×④세율' 공식에 따라 산출한다. 그런데 ②, ③은 정액(定額)이고, ④는 정액으로 정해진 구간에 적용한다.

문제는 이들 정액이 물가 오름세를 그때그때 반영하지 못한다는 점이다. 가령, ③의 배우자공제와 부양가족공제에 적용하는 1인당 금액은 150만 원이다. 이는 2009년도에 확정된 것으로 시간이 한참이나 지난 지금까지 변동 없이 적용하고 있다. 이는 그동안의 물가상승률만큼 봉급생활자에 대한 실질적인 증세가 이뤄졌다는 방증이다.

②의 근로소득공제액은 더 심각하다. 연봉 5,000만 원의 경우, 근로소득공제액은 1,275만 원인데, 어찌 된 일인지 2010년도 공제액 1,300만 원보다 더 줄었다. 그만큼 근로소득세 부담이 커진 셈이다. 임금협상을 통해 ①의 임금이 물가상승분을 보전받는다고 해도 사정은 마찬가지다.

가령, 연봉 8,800만 원을 받는 직장인은 24% 세율을 적용받는다. 물가 오름세를 반영해 임금이 300만 원 인상돼 9,100만 원을 받으면 종전 ④의 24% 대신 35% 세율을 적용받게 된다. 명목소득이 올랐지만 높은 세율을 적용받음에 따라 임금상승이 실질소득 증가로 이어질지는 의문이다.

더 이상한 점은 최고세율을 적용받는 고소득자의 경우, 명목소득이 올라가도 세금부담은 미미한 증가에 그친다는 거다. 예를 들면 10억 원을 받는 이의 연봉이 11억 원으로 늘어도 종전과 동일한 42% 세율을 적용받기 때문에 세금 증가분은 그리 크지 않다. 물가가 오를수록 경제적 약자에게 더 무거운 세금, 인플레이션 세를 부과하는 격이란 얘기다.

어떻게 해야 할까. 매년 세법의 조항을 정기적으로 개정해 물가상승률을 보전하면 좋겠지만, 국회가 그렇게 부지런하지 않다는 현실적인 제약이 있다. 대안으로 세법 개정이 아닌 일정한 규정에 따라 ②③④를 정부가 발표하는 소비자물가지수와 연계하는 자동조정장치를 둘 필요가 있다(소득세 물가연동제). 미국과 프랑스는 이미 이같은 제도를 도입해 운용하고 있다.

'인플레이션은 입법자가 제정한 어떤 세금보다도 더 나쁘다(Inflation is a far more devastating tax than anything that has been enacted by our legislature)'는 미국의 투자자 버크셔 해서웨이사(Berkshire Hathaway Inc.)의 대표인 워런 버핏(Warren Buffett)회장의 지적은 타당하다고 본다.

고물가·고금리·고환율 등 3고 국면에서 민생을 살펴야 하는 국회는 증세나 감세와 같은 거대 담론으로 시간을 허비하기보다 소비자물가지수에 연동하는 자동 보정을 통해 월급쟁이의 실제소득에만 과세하는 생활밀착형 과세 시스템을 구축할 필요가 있다. '악마는 디테일에 숨어 있다'고들 하지만, 디테일을 잘 구축하면 악마가 발붙일 곳은 좁아진다. 실력 있는 정부와 국회는 이렇게 한다.

(더스쿠프, 2022.5.23.)

39

비트세(Bit Tax)

세무조사를 하면 오른 치킨 값이 내릴 것이라는 생각은 착각이다.

가상화폐 비트코인 시장이 뜨겁다. 비트코인 한국거래소에 따르면 2017년 6월 14일 현재 1BCT(비트코인 거래단위)당 가격이 3,000 달러 정도인데, 이는 1년 전과 비교하면 4배 이상, 2년 전보다는 13 배 이상 올랐다(그리고 2024년 3월에는 73,000달러 선에서 거래되고 있다).

비트코인은 디지털 단위인 비트(bit)와 동전(coin)의 합성어로 온라인상에서 유통되는 가상화폐다. 이는 게임머니와 유사하다. 예를 들어 인터넷 바둑을 두려면 해당 회사가 만든 게임머니를 현금으로 구입하여 지불해야 접속이 가능하다. 게임머니를 사고팔기도 한다.

이런 게임머니가 인터넷과 IT산업의 발전에 따라 보다 정교하게 암호화되어 대중화하고 세계화한 것이 바로 비트코인이다. 이외에도 이더리움 등 약 700여 종류의 가상화폐가 시장에서 유통되고 있다.

가상화폐는 실제 생활에서 중앙은행이 발행한 화폐를 대신하기도 한다. 일본에선 지난 5월부터 자금경제법이 개정·시행됨에 따라 26만여 상점에서 현금 대신 비트코인으로도 물건값을 받고 있다. 국내에서도 이미 비트코인 가맹점이 여럿 있다. 주식시장처럼 가상화폐를 사고파는 전문시장이 적지 않다.

그러나 세무행정 입장에서 보면 가상화폐시장의 활성화는 지하경제 양성화와 직결되는 문제다. 왜냐하면 이들 거래 대부분이 익명과 현금거래여서 추적이 어렵기 때문이다. "소득이 있는 곳에 세금이 있다"라는 말은 소득과세 원칙의 선언이다. 이를 담보하기 위해서는 세법에 세금법률주의 원칙에 따라 비트코인 양도소득이 과세대상이라는 명확한 규정이 있어야 한다. 현재는 세금부담이 다른 소득보다 상대적으로 낮은 기타소득으로 과세하고 있을 뿐이다(소득세법 제21조).

그렇다고 마냥 그냥 둘 수도 없다. 비트코인 시장의 거래량이나 거래금액이 이미 투기장화 되고 있기 때문이다. 투명하지 않은 가상화폐시장의 활성화는 우리 사회가 묵과할 수 없는 또 다른 암적 존재가 될 것이다.

하지만 막무가내로 세무조사라는 공권력을 마구 휘둘러서는 안

된다. 이는 후진국 행정의 전형이다. 위법 또는 불법행위 등이 있다면 우선적으로 검찰과 형법이 먼저 나서야 한다. 세무조사를 하면 오른 치킨값이 내릴 것이라는 생각은 착각이다. 효과도 없을뿐더러 자칫 세무조사권 남용 시비가 일 수 있다. 치킨값은 시장에서 결정되는 것이 자연스럽다. 시장경제 원칙에도 맞다. 세법과 세무행정의 고갱이는 세수입의 확보와 납세자 권리보호다.

효과적인 가상화폐시장의 관리를 위해서 세무조사보다 우선 세무행정 시스템을 작동할 필요가 있다. 비트코인 거래 자금이 누구로부터 조달되며 누구에게 흘러가는지는 파악해두어야 한다. 하지만 현금과 익명거래가 대부분으로 어려울 것이다.

이를 해결하기 위해 1996년 EC(유럽공동체)가 제시한 비트세 부과 방안을 고려해보자. 비트세는 1981년 노벨 경제학상 수상자인 토빈(Tobin)이 헤지펀드의 투기를 방지하기 위해 제안한 토빈세(Tobin Tax)와 유사하다. 거래단계에 세금이 있다면 투기거래가 상당수 감소할 것으로 마치 과속이 많은 도로 위의 교통순경 역할인 셈이다.

즉, 가상화폐 거래마다 낮은 세율의 거래세인 비트세를 부과하고 여기에 거래 당사자가 적힌 영수증을 주고받도록 하자는 것이다. 그러면 돈의 흐름 파악이 쉬울 것이고 투기적 거래는 감소할 것이다.

그래도 가상화폐시장이 진정되지 않는다면, 그때는 양도소득세를 부과하는 방향으로 세법을 개정할 필요가 있다. 소득이 있는 곳에 세금이 있어야 하기 때문이다.

(이데일리, 2021.2.17.)

40

소득재분배를 중시하는 세제개편

소득재분배가 잘 되어야 흙수저 논란이 사라진다.

최근 듣기 거북한 말이 마구 돌아다닌다. 대표적인 것이 '수저 계급론'으로 젊은이들의 사회 출발점이 서로 다른 점을 꼬집고 있다. 100m 달리기를 하는데 누구는 처음부터 출발해야 하고(흙수저), 누구는 90m 내지 80m 앞에서 출발하는(금·은수저) 꼴을 용납해야 한다는 것이다.

여기에 어느 고위 공직자가 언급한 "한국인의 99%는 계층 상승의 능력과 노력이 없어서 동물처럼 취급돼야 한다"는 이른바 '개·돼지론'까지 가세했다. 수저 계급론이나 개·돼지론이나 우리 사회에서 신분제가 고착화하는 현상의 단면을 보여주는 것 같아 불편하기 그지없다.

세상의 부와 권력을 쥔 자의 수가 종전에는 상위 20%이었지만 점차 낮아져서 현재는 1%이고, 머지않아 0.1%로 낮아진다고 한다. 즉, 부익부 빈익빈이 더 심해져서 세상은 0.1 대 99.9로 나눠진다는 것이다.

그럼 어떻게 해야 하는가. 칼 마르크스(Karl Marx)는 『자본론』에서 자본가들은 속성상 부를 무한대로 축적하므로 소득 불평등을 치유하기 위해서는 그들이 가진 것 모두를 국유화해야 한다고 주장했었다. 사실 우리나라도 반듯한 빌딩 하나 가지고 있으면 그 임대 수입만으로 몇 대가 잘 먹고 잘살 수 있는 것이 현실이다.

　반면 그 빌딩에 세든 자들은 임대료 내기에도 힘이 부친다. 칼 마르크스의 주장에 따르면 그 빌딩을 국가 소유로 하고 공짜 또는 싼 임대료만 받겠다는 논리다. 그러나 이렇게 하다 보면 빌딩 관리가 엉망이 될 수밖에 없는 점은 그도 간과했다. 이게 공산주의의 큰 약점이다.

　그래도 자본주의가 공산주의보다 우월한 점은 열심히 돈을 벌 수 있는 자본가들은 벌 수 있도록 멍석을 깔아두되, 그들이 얻은 이익 중 상당 부분을 세금으로 징수해서 그렇지 못한 자들과 공유하는 점이라고 본다.

　예를 들어 보자. 서울에서 파리로 가는 비행기 안에는 3가지 계급이 존재한다. 좌석은 불편하지만 싼값에 가는 이코노믹 클래스, 좀 편하게 가지만 요금이 비싼 비즈니스 클래스, 그리고 아주 비싼 값을 지불하고 누워서 가는 퍼스트 클래스가 있다. 그렇게 신분이 나뉘어져도 승객의 불만은 없다. 돈만 지불하면 언제든지 퍼스트 클래스에 갈 수 있기 때문이다. 만일 퍼스트 클래스로 가는데 진입 장

벽이 있다면 문제는 심각해진다. 폭동이나 혁명이 일어날 수도 있다. 우리나라도 예외는 아닐 것이다.

유럽식 사회주의는 사회적 약자도 비행기를 탈 수 있을 정도의 복지 혜택을 준다. 미국식 자본주의는 퍼스트 클래스 타는 자가 기부금을 많이 내어서 가난한 자가 비행기 표를 살 수 있게 도와준다. 반면 공산주의는 모두 줄 서서 순서대로 타라고 해놓곤, 공산당원들이 그 타는 순서를 독점한 끝에 망했다.

우리나라의 부자들은 기부금을 많이 낼까? 복지 재원은 명확한가? 아직까지는 부정적이다. 그래서 세법으로 하여금 소득 재분배 역할로 소득이 많은 곳에 세금부담을 증가시켜야 한다. 금융위기를 거치면서 개인보다는 법인의 소득이 훨씬 많아졌기에 법인세 부담을 더 늘리고 슈퍼리치나 대자산가의 세금부담도 늘려야 한다.

소득 재분배 역할이 빠진 세제 개편안은 '단무지 없는 김밥'과 하등 다를 바 없다. 세제 개편안을 짜면서 신용카드 소득공제나 둘째 아이에 대한 소득공제 조정 등 세법을 땜질하는 수준에 그쳐서는 안 된다. 정부가 국회에 갖고 온 세제 개편안에 단무지가 빠졌다면 국회가 심의과정에서 적절한 양의 단무지를 넣는 것도 하나의 방법이 될 수는 있다.

(아시아경제, 2016.7.27.; 2020.2.11.)

젊은 층의 적극적 투표 참여 필요성

젊은 층이 투표에 적극 참여해야 세금이 줄어든다.

우스갯소리이지만 정치인들은 선거 때 자신이 한 약속을 믿지 않는다고 한다. 그리고선 자신들이 믿지 않은 공약(公約)을 유권자들이 믿는 것을 보고 깜짝 놀란다는 것이다. 웃자고 지어낸 이야기겠지만 '속이는 자'와 '속는 자'의 민낯을 보는 것 같아 씁쓸하다.

투표는 한 국가의 민주주의 체제를 지탱하는 생명줄이다. 투표란 유권자가 자신에게 주어진 권리를 행사하는 것은 물론 자신이 투표한 후보자의 공약에 대한 재정 부담을 기꺼이 감수하겠다는 의사 표시이기 때문이다. 투표하지 않는 것은 의무 부담은 물론 권리 주장도 소극적으로 하겠다는 것으로 민주주의의 발전을 저해하는 행위다.

민주주의는 왕정 체제와 달리 사회구성원의 적극적 참여로 시행

착오를 줄이는 장점이 있다. 특히 투표를 통해 '헛된 약속(空約)'을 하는 후보자를 가려내야 한다. 선거에서 허무맹랑한 공약을 한 정치인은 투표로 퇴출시켜야 한다. 그래야 재정이 튼튼해진다. 공약을 남발해 당선되는 자가 따로 있고, 그 공약을 뒤치다꺼리하기 위해 더 많은 세금을 내야 하는 자가 따로 존재하는 모순을 시정해야 한다.

투표는 권리가 아니라 의무다. 차제에 '투표 마일리지 제도'를 도입하자. 투표권을 행사하는 유권자에게 공과금 등을 감면해주는 적극적인 인센티브를 제공할 필요가 있다. 이것이 헛된 공약을 이행하는 것보다 비용이 덜 든다. 한 번 시도해 보자.

선거는 의무가 아니고 기권할 권리도 있다는 주장도 있다. 투표를 강제할 경우 아무에게나 투표할 수 있어서 오히려 민주주의 발전에 역행할 수 있다는 주장도 있다. 하지만 우리나라처럼 문맹률이 낮고 교육열이 대단한 국가의 국민에게까지 그런 주장을 하는 것은 우리의 수준을 무시하는 것이다. 또한 정치후진국인 우리나라 현실을 감안하면 기권할 수 있는 것도 권리라는 주장 역시 사치스럽지 않을까.

사실 이런저런 막대한 비용을 지불해 선거를 하고 국회의원을 두는 이유는 국민들 모두가 여의도에 모여 직접민주정치를 할 수 없기 때문이다. 그래서 국민들은 그 대표자를 뽑아서 그들에게 그 권한을 위임하고, 그들 행동의 결과에 대해 투표로 심판하는 것이다. 그런데 심판을 하지 않거나 지연, 학연, 혈연 등이 작용해 이를 잘못하게 된다면 그 폐해는 고스란히 국민이 뒤집어쓸 수밖에 없다.

젊은 층의 투표율을 높이기 위해 호주 등 30여개 국가에서는 의무투표제(mandatory voting)를 시행하고 있다고 한다. 정당한 사유없이 투표를 안하는 경우 벌금, 소명 요구, 여권 발급 제한, 운전면허증 발급 제한, 공직취업 제한 등 다양한 제재조치를 취하고 있다.

우리나라에선 의무투표제로 가기에 앞서, 일단 투표 인센티브 지급제도 도입을 제안한다. 젊은이들은 기성세대와 달리 마일리지나 포인트 등 인센티브 혜택에 익숙해져 있고 관심도 많다. 투표에 참여할 경우 일정한 마일리지 혜택을 부여함으로써 필요할 때 이를 현금처럼 사용할 수 있도록 하자는 것이다.

그래도 투표율이 높아지지 않으면 그때는 다음 선거 때까지 벌금, 국가장학금 혜택 박탈, 운전면허증 취득 제한, 여권 발급 제한, 공직자 취업 제한 등의 조치를 취하는 의무투표제로 가야 한다. 우리나라 대부분의 분야는 선진국 수준이지만 유독 정치는 후진국과 경쟁하는 수준이다. 다른 분야 발전의 발목을 잡기도 한다. 이래서는 한국에 희망이 없다. 젊은 층의 세금에 대한 의견과 불만을 국회에서 담아내야 한다. 그러면 세금이 줄어든다. 고쳐보자.

(아시아경제, 2014.6.3.; 2016.4.12.)

42

역외탈세(域外脫稅)와의 전쟁

역외탈세 조력자는 역외탈세자보다 더 나쁘다.

사회 기강이 흐트러질 때면 연례행사처럼 과세관청은 역외탈세자를 세무조사하고 있다는 사실을 보도자료를 통해 밝힌다. 그런데 가만 보면 역외탈세도 진화하고 있다.

우선 역외탈세 방법이다. 조세피난처에 설립한 '서류상 회사(paper company)' 이용 수준에서 진화해, 세금 제도가 정상적으로 작동하는 국가에 현지 법인을 설립하여 그 법인의 주식을 제3자에게 양도한 것처럼 꾸민 후 그 회사의 소득을 국내 사주의 해외 계좌로 빼돌리는, 이른바 '빨대기업 거래' 수법이 있다.

또한 다국적 IT기업들은 형식적인 사업 구조 개편 명목으로 원가를 부풀려 소득을 국외로 이전하여 조세조약과 세법의 맹점을 악용해 지능적으로 조세를 회피하고 이전가격 조작 등을 통해 우리나라에서 과세되는 소득을 줄였다.

이는 현행 과세체계가 자초한 점도 있다. 즉 현행 세제는 땅에다 공장을 짓고 사업을 하는 기업에 적합한 구조다. 한국에 고정사업장인 '지점'이 있어야 과세한다. 외국 자동차회사의 국내 지점이 그 좋은 예다. 그러나 구글의 유튜브가 여의도에 지점을 둘 필요가 있는가?

전통적 산업에 기반을 둔 세제로는 가상공간을 이용해 돈을 버는 기업에 대해 제대로 과세할 수 없다. 기업은 5G 이동통신을 활용한 무기로 무장하고 역외탈세를 하는데 과세관청은 아날로그 무기를 들고 뒤쫓아 가는 형국이다.

프랑스나 영국 등 일부 국가는 독자적인 세법 개정으로 역외탈세자에 대한 입증책임 부여나 우회 이득세 또는 GAFA세(구글·애플·페이스북·아마존의 이니셜을 딴 명칭) 도입을 통해 디지털기업에 대한 과세를 강화하고 있다. 그러나 우리나라는 힘이 미치지 못해서인지 우리의 사정을 반영한 능동적인 한국형 세제 대신 국제적인 과세 규범이 마련되면 그것을 따라가겠다고 하는 수동적인 태도를 보이고 있다.

더 근본적인 문제점은 우리나라 세법과 세제가 역외탈세를 근절

하는 데 너무 허술하다는 것이다. 사실 역외탈세자를 처벌하거나 역외탈세소득을 추산하기 위해 세법 조문을 찾아 올라가다 보면 빈틈이 많이 보인다.

이를 보완하는 것이 '실질과세 원칙'이다. 세금은 세금(조세)회피 목적의 거래에 대해서는 법 형식(legal form)에 불구하고 경제적 실질(economic substance)에 따라 과세하는 것이 정상이다. 즉 조세피난처의 서류상 회사나 위에서 언급한 빨대기업에 대해서는 그들 회사의 배후에 숨어 있는 실제 소득자에 대해 과세할 수 있는 권한을 세법에서 명확하게 부여해야 한다.

그러나 대법원에서는 경제적 실질 조문을 엄격하게 해석해 '과세관청은 특별한 사정이 없는 한 당사자들이 선택한 법률관계를 존중하라'라고 한다(2017두57516). 강 건너 불구경하는 꼴이다. 역외탈세가 주는 폐해를 간과하고 있다.

세금(조세회피) 목적 회사를 설립하거나 거래를 한 경우, 해당 납세자로 하여금 그 거래가 정상임을 입증하게 하며 역외탈세를 하도록 부추긴 세무 조력인들도 역외탈세자와 동일하게 처벌해야 한다. 어찌 보면 그들이 납세자를 꾀어 역외탈세의 길로 이끈 점도 많다.

필요하다면 역외탈세와 관련한 실질과세 원칙 조문도 보완해야 한다. 그래야만 역외탈세를 효과적으로 차단할 수 있다. 과세관청의 손발을 묶어놓고서 역외탈세를 근절하라고 요구하는 것은 연목구어(緣木求魚·나무에 올라가 고기를 구하는 것)나 다름없다. 물론 이 과정에서 과세관청의 과세권 남용은 철저하게 억제되어야 할 것이다.

(아시아경제, 2019.11.29.)

43

세무조사 만능주의를 경계함

세무조사는 전가(傳家)의 보도(寶刀)가 아니다.

국가부채가 심각한 수준이다. 여기에 공기업 부채까지 더하면 우리나라도 결코 유로존의 국가부채를 강 건너 불 보듯 할 처지가 아니다. 박근혜 정부는 복지 확대에 필요한 재원 135조 원 중 80조 원은 세출예산을 줄이고 55조 원은 세입을 늘려 조달하겠다고 공약했다. 그런데 현실은 공약과 정반대다. 정부는 양도소득세 감면을 포함시켜 세입이 줄어드는 4·1 부동산 대책에 이어 세출을 늘린 17조 원 규모의 추가경정예산을 편성했기 때문이다.

우리나라 경제가 처한 여건 또한 좋지 않다. 세출을 줄이지 못하고 세율도 상향 조정할 수 없는 형편이라면 과감하게 복지 예산을 줄여야 한다. 이게 논리적이고 합리적이다. 민간 기업이라면 이와 같이 했을 것이다.

이명박 정부는 감세를 하면 그 금액 이상이 투자나 소비로 이어져 결국 더 많은 세금수입이 가능하다는 이른바 '낙수효과'를 신봉했다. 그러나 정권 말미에 보니 부자 감세가 투자나 소비로 이어지지 않았다. 감세 정권은 물러갔고 결국 국가부채만 산더미처럼 쌓였다. 하지만 이를 책임지겠다는 자는 눈을 씻고 봐도 없다. 자기 재산이라면 그리했을까.

이와 달리 박근혜 정부는 낙수효과와 같은 궤변을 늘어놓지는 않는다. 그런데 세무조사를 강화하면 복지재원 마련이 가능하다고 한다. 이명박 정부의 낙수효과론과 박근혜 정부의 세무조사 강화론이 묘하게 교차된다.

왜 그럴까. 다음과 같은 이유로 실현 가능성이 낮기 때문이다.

첫째, 세무조사는 복지재원 마련을 위한 도구가 아니다. 세무조사는 납세자가 신고한 내용 중 오류가 있을 경우 시정하는 행정절차에 불과하다. 이 작업은 정권교체와 상관없이 이뤄지는 업무다. 역설적으로 현 정부가 세무조사를 강화하겠다는 것은 이전 정부 시절 세무조사를 대충했다는 얘기다. 이에 동의할 세무공무원이 과연 몇이나 될까.

둘째, 세무조사 강화는 세금저항을 불러온다. 대기업은 세무조사에 대비할 수 있는 능력이 있지만 중소기업들은 속수무책이다. 인정사정없는 세무조사에 대한 납세자의 불만이 들려온다.

셋째, 과세관청의 조사인력이 부족하다. 세무공무원 2만여 명이 세무조사를 통해 징수하는 세금은 연간 5조 원 남짓하다. 그런데 복지재원 몫으로 연간 11조 원을 더한 16조 원을 세무조사를 통해 더 거두라고 한다. 이게 상식적으로 가능한 일인가.

넷째, 과세관청의 부조리가 심화될 수 있다. 과세관청 고위 관리자의 부정과 부패의 대부분은 세무조사와 관련돼 있다. 세무조사 실적을 인사고과에 반영할 경우 세무공무원의 과세권 남용은 불 보듯 훤하다. 무차별적인 '과세폭탄'이 예견된다. 사족이지만, 세무조사 실적이 좋다고 승진시켰는데 나중에 소송 과정에서 패소한 경우가 비일비재하다. 수사하며 정치권 눈치를 보는 이른바 '정치검찰'과 비슷한 경우로 국민을 우습게 아는 행위가 아닐 수 없다.

마지막으로, 세무조사 실적이 바로 세입으로 이어지지는 않는다. 세무조사를 통해 5조 원을 징수했다지만 이 중 30% 이상은 납세자가 동의하지 않아 소송으로 이어지고 있다.

세무조사는 전가(傳家)의 보도(寶刀)가 아니다. 소중한 만큼 함부로 휘둘러서는 안 된다. 기업주는 아무 잘못이 없어도 국세청 앞을 바로 지나가지 못하고 빙 둘러 간다. 국세청의 세무조사권이 무섭기 때문이다.

정부가 진정 국가의 재정 건전성을 걱정한다면 세율 인상을 통한 적극적 증세를 모색해야 한다. 그 과정에서 부유층의 반발이 걱정되고 정권의 안위가 불안하다면 복지 재원을 줄이는 수밖에 없다. 그럴 자신이 없다면, 이전 정부처럼 재정 건전성 악화에 일조한 정권이라는 오명을 뒤집어쓸 각오를 해야 한다.

(아시아경제, 2013.4.23.; 2020.2.11.)

세무조사권 남용

세무조사 녹음권 도입하자. 무엇이 두려운가.
판사는 판결로 말하고 세무공무원은 고지서로 말한다.

과세관청으로선 듣기 거북하겠지만, 시중에 '국세청장의 다음 부임지는 교도소'라는 말이 나돈다. 사실 과거 몇몇 국세청장이 그랬다. 그런데 모 국세청장은 앞서 구속된 경우보다 그 행태가 더 고약하다. 그는 아예 드러내놓고 세무조사권을 정치적 목적으로 남용했기 때문이다.

이명박(MB) 정부의 국가정보원은 김대중(DJ) 대통령에 대한 비밀공작(노벨평화상 수상 취소청원)을 벌였고, 이 청원이 받아들여지지 않자 재차 취소청원을 넣을 목적으로 DJ의 해외 비자금을 찾는 음해공작(데이비슨 작전)을 국정원 특별활동비까지 써 가면서 2년간 실행했으나 실패했다고 한다.

당연한 얘기지만, 과세관청은 모든 납세자에 대해 법률이 규정하는 바에 따라 세무정보를 수집하고 이에 따라 세무조사를 실시할 수 있다. 전직 대통령이라고 해도 예외는 아니다.

하지만 세무정보수집이나 세무조사를 실시할 수 있는 세무조사권은 적정하고 공평한 과세를 실현하기 위해 최소한의 범위 내에서 적법하게 실시되어야 하고, 정치적 목적 등을 위해서 남용되어서는 안 된다(국세기본법 제81조의 4).

그런데 정치권력은 털면 먼지나지 않은 기업이나 사람이 없다는 잘못된 확신에 따라 세무조사권을 통해 소기의 목적을 달성하려는 '치명적인 유혹(팜므파탈, femme fatale)'에 빠질 수 있다. 정당성이 없는 군사독재 정권일수록 더 그랬다.

당시 MB정부는 미국산 쇠고기 파동 및 노무현 전 대통령의 불행한 서거로 궁지에 몰리자 보수 지지층의 결집을 꾀하기 위해 DJ에 대한 흠집이 필요했고, 모 국세청장에게 무리한 세무조사권 행사를 강요했던 것 아닌가 싶다.

그렇다고 해도 그는 한미조세조약 제28조(정보교환)에 따라 미국 국세청에 정보를 요청했으면 될 일이다. 그런데 미국 국세청의 한국계 직원에게 뇌물까지 주어가면서 자료를 불법적으로 빼내려고 했다니 기가 막힌다.

판사는 판결로 말하듯, 세무공무원은 고지서로 말해야 한다. 세무공무원은 형사 콜롬보처럼 탈세기업을 완벽하게 제압하는 실력을 갖추어야 한다. 청와대는 쳐다보지 말고.

선의의 세무공무원을 위해서 징벌적 손해배상제도 도입을 제안한다. 납세자가 부당한 세무조사를 받았다면 과세관청은 물론 해당 공무원에게까지 손해배상을 청구할 수 있도록 국세기본법에 명문화하자. 이는 세무공무원을 벌주기 위한 차원이 아니다. 상부의 부당한 정치적 세무조사 요구에 대해, 이를 근거로 회피할 언덕을 마련해 주기 위함이다.

어제 MB가 검찰 포토라인에 섰다. 창피한 일이다. 모 국세청장을 포함한 그 휘하 부하들 상당수는 이미 구속되었다. 법의 통치가 작동하는 국가는 권력 남용의 끝이 교도소라고 가르치고 있다.

사람들이 무서워하는 세무조사도 일정한 절차와 규칙 속에서 진행된다는 점에서 보면 운동경기와 유사하다. 납세자가 신고한 내용은 일단 100점으로 인정받는다(성실성 추정의 원칙). 과세관청은 납세자의 신고가 의심스럽다면 이를 검증한다(세무조사).

입증과 반증의 공방이 오간다. 공격은 과세관청이 수비는 납세자가 하는 것이 운동경기와 다를 뿐이다. 때론 심판의 눈을 속이는 비열한 반칙을 할 때도 있다. 이를 잡기 위해 축구경기에서는 비디오

판독시스템(VAR)을 도입했다.

세무조사과정도 유사하다. 막대한 세금이 추징될 수 있는 긴박한 상황에서 무엇인들 못 할까. 반칙과 편법이 오갈 수 있다. 이런 게 통하면 성실하게 납세한 사람만 억울한 것이다. 이런 점을 시정하기 위해 정부는 세무조사 과정을 녹음할 수 있는 권리(녹음권)를 추가하는 세법 개정안을 제출했다.

이는 세무조사 과정에서 과세관청이 무엇을 요구(공격)하는지를 명확하게 하고, 아울러 납세자도 과세관청의 요구에 어떻게 답변(수비)했는지를 분명하게 함으로써, 세무조사가 법대로 진행되고 있는지를 담보하고 성실한 납세자 권리를 보호하며 과세관청의 정당한 세무조사권 행사를 보장하자는 것이다(과세관청의 정당한 자료제출 요구를 이리저리 피한 뒤, 소송단계에서야 자기에게 유리한 증거만을 골라 제출하는 납세자도 많고, 그렇게 하도록 유도하는 조력인도 많다).

모름지기 세무조사에 있어서 과세관청과 세무조사를 받는 납세자 사이에는 이른 바 '무기 대등의 원칙'이 적용되어야 한다. 과세관청의 무기가 있다면 납세자도 이에 대응(대항이 아니라)할 수 있는 무기가 손에 쥐어져야 한다. 그래야만 공명하고 정대한 세무조사가 진행될 수 있다. '털어서 먼지 안 나는 납세자는 없다'라는 비뚤어진 생각보다는 세무조사로 인해 억울한 납세자가 발생하지 않도록 하는 것이 우선이다(세무조사의 근본 목적은, 적어도 성실납세자에게는, 추징과 처벌이 아니라 앞으로는 이렇게 하지 마시라는 지도와 계도라고 본다). 세법 규정을 만들었을 당시에는 적확했는지는 몰라도 시간이 지나면서 경제 현실과 맞지 않는 조항이 많기 때문이다.

녹음권이 도입되면, 사진을 찍을 때 옷매무새를 다시 가다듬는 것처럼, 세무공무원의 질문이 진중할 것이며 납세자의 답변도 보다 성실할 것이다. 미국 세법(IRC)은 제7602조에 과세관청 또는 납세자로 하여금 세무조사 과정을 녹음할 수 있는 규정을 명시했다. 우리나라도 행정조사 시 조사공무원과 대상자에게 녹음·녹화할 수 있는 권리를 이미 규정하고 있다(행정조사기본법 제23조). 다만 세무조사는 이 법을 직접 적용받지 않으므로 녹음권을 국세기본법에 추가하려고 할 뿐이다.

사정이 이러함에도 녹음권이 도입되면 영세납세자에게 피해가 간다는 이유로 반대하는 목소리가 있다. 아마도 세법을 잘 모르는 납세자가 자칫 자신에게 불리할지도 모르는 진술을 할 가능성을 염두에 둔 것이리라. 하지만 우리나라 세법은 세무공무원이 납세자의 탈세 사실을 보고도 눈감아주라는 조항은 없다(미국이나 프랑스는 성실하고도 영세한 납세자는 세금을 탕감해주는 제도를 두고 있다).

녹음을 하면 조사기간이 길어질 수 있고 조사기법이 누설될 수 있다는 우려가 있지만, 이는 세무조사 능력이 '원샷 원킬(one shot one kill)'하는 수준으로 올라오면 해결될 문제일 것이다.

세법의 글귀가 세무조사 현장에서는 그 뜻대로 작동되지 않는 경우도 많다. 예를 들면 납세자의 장부를 '세무관서에 임의로 보관할 수 없다'는 금지조항 1개가 있다. 하지만 납세자 동의가 있으면 보관가능하다는 조항을 6개나 두고 있다. 과세관청의 보관요구를 거절할 간 큰 납세자가 있을까. 그렇게 가져간 장부를 뒤지다 보면 조사대상 이외에 다른 것도 적발돼 세금추징이 된다(검찰의 별건구속과 속성이 유사하다). 왜 나만 당하나 하는 억울한 생각도 들 것이다. 결국 금지조항은 있으나 마나 한 규정인 셈이다.

이처럼 법 규정과 현실 사이에는 아직도 빈 공간이 많다. 그 지점에 기생하는 것이 부정과 부패이고 전관예우 등이 아닐까 한다. 녹음권 도입을 반대하는 내심은 혹시 불량 세무공무원과 불성실 납세자의 은밀한 속삭임까지 녹음될까 두려워서가 아닐까? 과세관청이 녹음권 도입을 반대하면서까지 지켜내고자 하는 가치가 무엇인지 자못 궁금하다. 무엇이 두려운가(이 개정안은 과세관청의 반대로 도입이 무산되었다고 한다).

(아시아경제, 2013.4.23.; 2018.3.15.)

45

로봇세

인간은 영혼이 있는 존재이다. 로봇이 인간의 존재 자체를 대신할 수 없다.

최근 인간 대(對) 인공지능(AI) 사이의 번역 시합에서 인간이 앞섰다고 한다. 인공지능이 번역 속도는 앞섰지만, 기쁨과 슬픔 등 인간만이 지닌 분야에서의 번역 능력은 아직 인간을 극복하지 못한 것으로 보인다.

2016년 1월에 개최된 스위스 다보스 포럼은 4차 산업혁명의 주된 동인으로 로봇을 거론했다. 로봇은 단순한 기계가 아니라 사이버 물리시스템(cyber-physical system)의 알고리즘에 따라 서로 소통하고 자동적·지능적으로 제어되며 모니터링이 되는 시스템을 갖출 것이라고 말한 바 있다. 즉, 로봇 스스로가 판단하여 작업을 하게 된다는 것이다. 이렇게 되면 로봇이 인간을 대신할 영역이 넓어져 단순 반복적인 작업을 차지하면서 인간은 실업자로 전락할 것이다.

이러한 점에 착안하여 로봇세를 부과하자는 주장이 일고 있다. 마이크로소프트의 창업자인 빌 게이츠(Bill Gates)도 로봇을 전자인간 (Electronic Person)으로 간주해 소득세를 부과하고 이를 재원으로 일자리를 빼앗긴 인간에게 기본소득을 지급하자고 한다. 이와 같은 주장은 EU에서 이미 심도 있게 논의되고 있다.

과세논리 상 로봇세를 부과하기 위해서는 두 가지 조건이 충족되어야 한다. 로봇의 행위가 독립적이어야 하고 동시에 그 활동이 계속적·반복적이어야 한다. 독립적이라는 의미는 자기책임 아래 경제활동을 한다는 의미다.

이를 위해서는 로봇에 인격이 부여되어야 하는데 이는 로봇이 인간과 같은 반열에 서 있음을 전제로 한다. 이게 용납될 수 있을까. 이는 세법의 문제가 아니라 철학, 종교 등 인문학적인 분야에서 다루고 결론이 나야 할 문제인 것이다.

로봇세는 크게 소득에 대한 소득세, 소비에 따른 부가가치세, 소유에 기인한 재산세로 나눠볼 수 있다. 만일 로봇이 소득세 납세자가 되려면 독립적이어야 하는데, 이는 로봇이 스스로 일을 창출하고 번 소득을 본인의 계좌에 입금하며 로봇의 필요에 따라 사용할 수 있음을 의미한다. 로봇을 소유한 자의 의도와는 상관없이 말이다. 로봇이 인류를 돕는 기계의 수준을 넘어 별도의 자아를 가진 인격체가 된다는 말인데 이게 가능할지는 의문이다.

반면 소비세나 재산세는 가능할 것이다. 이는 인간이 로봇을 소유하고 있음을 전제로 하기 때문이다. 현행 부가가치세법은 무인자동판매기의 경우 그것이 위치한 장소를 사업장으로 보고 있다. 각 무인자동판매기마다 사업자등록번호가 부여되고 이에 따른 납세를 하고 있다. 로봇도 이를 준용하면 된다.

재산세의 경우도 유사하다. 현재 재산세는 토지, 주택, 항공기 등을 과세 대상으로 하고 있는데(지방세법 제105조), 여기에 로봇을 추가하면 가능하다. 또 자동차 소유에 대한 자동차세가 부과되고 있으므로(지방세법 제127조) 로봇도 이렇게 할 수 있다.

살펴건대, 기능적인 면(힘, 계산, 분석 등)은 인공지능이 인간을 앞서갈 수 있지만, 인간 고유의 속성(감정, 애정, 영혼 등)이 있는 분야는 기본적으로 로봇이 대신하는 것은 물론 앞서갈 성질의 것은 아니라고 생각한다.

인공지능을 장착한 로봇을 통해 돈을 벌 수 있는 기업은 구글 등 몇 개 기업에 불과하다. 이들이 주로 로봇세를 도입하자고 주장한다. 세금을 부담하더라도 이를 확산시키려는 포석으로 보인다.

그러나 로봇에 소득세 같은 세금을 부과한다는 것은, 로봇으로 직업을 잃은 인간에게 기본소득이라도 받고 연명하라는 의미 같아서 로봇세 도입은 거부하고 싶다. 인간은 영혼이 있는 존재이며 로봇이 인간의 존재 자체를 대신할 수 없다.

첫째, 로봇산업 발전에 긍정적이지 않을 것이기 때문이다. 로봇은 인간의 생활 수준을 높일 수 있는 유효한 수단이다. 로봇이 인간의 일을 대신함에 따라 위험한 일, 단순하고 반복적인 일로부터 인간을 해방시키면 남는 시간에 독서나 여행 등 취미생활을 즐기며 삶의 수준을 향상시킬 수 있다.

그런데 아직 제대로 개발도 되지 않은 로봇에 세금을 추가적으로 부과한다면 로봇 개발자에게는 세금 이상의 부담으로 작용해 로봇산업 발전에 저해 요인이 될 것이다. 기업입장에서 세금은 곧 비용이기 때문이다. 이런 점에서 EU집행위원회에서 로봇산업 발전을 저해할 것이라는 등의 이유로 로봇세 도입 안건을 부결시킨 점은 의미가 있다고 본다.

둘째, 인간과 로봇 사이에 해결해야 할 문제가 많다. 세금은 법상 인격이 있는 자만이 납부할 수 있다. 현행 법체계상 자연인과 법인만이 인격이 있다. 이런 점 때문에 로봇에게도 전자적 인격을 부여하사는 주장이 제기된다. 실제로 유럽의회는 로봇에게도 전자적 인격이 있다는 내용이 포함된 '로봇시민법'을 통과시켰다.

그러나 공상과학영화 '터미네이터'처럼 로봇이 인간에 대든다거나 '아이 로봇'의 경우처럼 로봇 3원칙(로봇은 사람을 해치지 않아야 하고 명령에 복종해야 하며 스스로 보호할 권리가 있다)의 해석을 둘러싼 갈등이 실제로 발생한다면 어떻게 할 것인가. 이는 인격 부여 차원이 아니라 민법과 형법 등 인간 위주로 구성된 법체계의 근본적인 개정을 요구한다.

이런 점에서 볼 때 이제 겨우 엄마 뱃속에 아이가 잉태된 정도인 로봇에게 로봇세를 부과하자는 주장은 '세금 만능주의(세금으로 모든 세상의 난제를 해결하겠다는 태도)'적 발상으로 밖에 볼 수 없다. 로봇세 부과 문제는 로봇에 대한 법적, 윤리적 문제에 관한 규정 제정 등 여건이 성숙 된 뒤 논의해도 늦지 않다.

(아시아경제, 2017.2.15./ 서울경제, 2017.3.9.)

46

알파고와 구글세

글로벌 세금전쟁(tax battle) 마당의 4번 타자는 세무공무원이다.

구글이 만든 바둑 프로그램 알파고(AlphaGo)가 이세돌 9단과의 대결에서 이겼다. 구글은 알파고 개발 경험을 바탕으로 인공지능 알고리즘을 더욱 발전시켜 난치병이나 기후변화 예측 및 모델링 등 난제를 극복하는 사업을 진행하겠다고 밝혔다.

인공지능(Artificial Intelligence)이란 인간의 지능으로 할 수 있는 학습과 추론, 지각 능력 등을 컴퓨터가 모방하여 지능적인 행동이 가능하게 만드는 것을 말한다. 구글은 인간의 능력을 컴퓨터와 결합해 인간의 약점인 육체적 한계를 극복하고 인간의 장점을 극대화한 가장 효율적인 물건을 만들어서 돈을 벌고자 한다. 그 개발과정에서 나타날 수 있는 오류를 이번 이세돌과의 바둑대국에서 검증한 셈이다.

바둑은 가로 19줄과 세로 19줄이 만든 총 집수 361점을 누가 많이 차지하느냐에 따라 승패가 갈린다. 물론 먼저 두는 자가 좀 더 유리하므로 6~7집 정도를 더 얻어야 이길 수 있다(중국식 규정은 7집 반). 실제로 바둑판 위에 돌이 놓일 수 있는 경우의 수는 361 ! (팩토리얼), 즉 '361×(361-1)×(361-2)× …3×2×1'이다. 인간이 어찌 이를 다 계산할 수 있을까? 컴퓨터니까 가능하다. 알파고가 이세돌과 대국에서 범한 오류를 시정하면 천하무적이 될 것이다.

이런저런 경험이 쌓이면 머지않아 인공지능으로 무장한 로봇이 인간과 경쟁하는 시대가 올 것이다. 영화에서나 보았던 로봇군인이 등장해 전장을 누비기도 하고 인공지능을 장착한 로봇교수가 대학에서 전 세계를 상대로 다국어로 강의하며, 한국 대학들이 이를 학점으로 인정하는 날도 예견된다. 물론 이때 기존 대학교수는 시험 채점 또는 학생 관리나 하는 행정직으로 전환될 것이다.

이번 시합에서 알파고 대리인 역할을 한 아자 황 박사 옆에는 영국 국기가 놓여 있다. 이는 알파고를 만든 딥마인드(DeepMind)라는 기업의 본사가 영국에 있기 때문이다. 구글이 이를 4억 달러에 인수했다니 이젠 구글의 자회사다. 지금까지 구글이 인공지능에 투입한 개발비용이 33조 원에 이른다고 한다. 이 정도의 돈을 투자할 회사는 전 세계를 통틀어 몇이 안 된다. 어쨌든 그들이 성공한다면 투자비용의 몇십 배 이상을 회수하고도 남을 떼돈을 벌 것이다. 세금을 줄이기 위해서라도 딥마인드 회사는 영국에서 조세피난처로 본사를 옮길 것이다. 우리나라는 아무래도 인공지능을 개발해 돈을 벌기보다는 이들에게 막대한 사용료를 지급해가면서 사용하는 국가가 될 가능성이 높다.

돈을 버는 국가와 돈을 지급하는 국가와의 균형은 세금이 어느 정도 잡는다. 현재까지 우리나라를 비롯한 선진국의 세제는 인(人)을 중심으로 짜여 있다. 인에는 개인과 법인이 있는데, 법학에서는 이들에게 '인격(人格)'이 있다고 한다. 즉, 권리와 의무의 당사자라는 것이다. 납세의무도 있다.

각국은 자국의 인에 대해서는 자국 소득은 물론 다른 나라에서 번 소득도 과세를 해왔다(속인주의). 반대로 타국의 인이 자국 내에 소득이 있는 경우에는 그 소득에 대해서만 과세를 했는데, OECD는 이중과세 방지를 위해 사업장이 있는 경우만 과세하자고 약속을 했다. 우리나라도 이를 따라가고 있다.

그런데 알파고 세상이 오면 알파고가 한국에 사업장을 두고 있을 리가 없다. 이지 황(Aja Huang) 박사처럼 필요 시 잠시 왔다 가든지 인터넷으로 연결하면 된다. 이럴 경우 한국의 소비자는 알파고에게 막대한 돈을 지급하지만 정작 한국에서는 세금 한 푼도 거둘 수 없는데 사업장이 없기 때문이다. 이에 대응하기 위해서는 속지주의,

즉 돈을 지급한 국가에서 사업장 유무에 불구하고 과세를 하는 방법으로 전환해야 한다. 구글의 극력반대에도 불구하고 유럽의 일부 국가에서 시행하고 있는 '구글세'가 바로 그것이다.

이세돌과 바둑을 두는 알파고를 보고 있자니 기존의 세법체계로는 우리나라 과세권을 제대로 행사하기 어렵다는 생각이 든다. 이제라도 구글세와 속지주의에 대해 공부하고 대비해야 할 것 같다.

한편, 다국적기업들이 최근 많이 활용하는 절세전략은 인터넷 사업과 조세피난처다. 그 대표적 사례로 구글과 애플 등 IT 기업이 꼽힌다. 이들은 미국보다 법인세 부담이 훨씬 낮은 조세피난처에 자회사를 설립하고 절세전략을 세워 그곳에 막대한 소득을 쌓아두고 있다.

OECD는 이런 행태를 '세원잠식과 소득이전(Base Erosion and Profit Shifting : BEPS)'으로 규정하면서 그에 따른 법인세 세수 감소분을 매년 1,000억~2,400억 달러로 추산했다. 이는 전 세계 법인세 징수액의 4~10%에 달한다.

이들 기업의 절세전략과 한국은 아무런 상관이 없는가. 그렇지 않다. 우리나라 갑이란 기업이 조세피난처에 설립된 외국기업 A에게 광고비 명목으로 대가를 지불할 경우 이는 세법상 경비로 인정돼 갑의 법인세를 줄여준다. 그렇다면 우리나라 과세관청은 반대로 A

기업이 받은 대가에 대해 세금을 부과해야 할 텐데 그게 쉽지 않다. 세법은 A기업의 지점이 한국에 있고, 그 지점을 통해 사업이 이뤄졌을 때에만 과세할 수 있도록 규정하고 있다. 지점이 없을 경우에는 대가의 3%를 원천징수한다.

만일 A기업이 소재하는 국가와 우리나라가 조세조약을 체결한 경우라면 A기업의 지점이 한국에 없을 경우 한국은 아예 과세하지 못한다. 해당 조세조약이 그렇게 규정하고 있기 때문이다(론스타가 벨기에를 이용한 것도 이와 같은 논리). 이런 돈이 조세피난처에 설립된 자회사로 흘러가서 쌓이게 된다.

어떻게 대처해야 하나. 개별 국가 차원 또는 범세계적 차원에서도 대응이 가능하다.

첫째, 대가를 받은 A기업에 대해 과세가 가능하도록 세법을 개정하는 것이다. 그러나 쉽지는 않다. 외국기업에 대한 법인세는 지점 유무에 따라 과세하도록 세계적으로 규범화돼 있기 때문이다. 또한 A기업처럼 인터넷을 통해서 수익을 얻는 업체는 굳이 한국에 지점을 눌 이유가 없다. 인터넷민으로도 세상을 얼마든지 연결해 사업을 할 수 있기 때문이다. 그래서 전통적인 과세체계로는 어렵다는 것이다. 그런데 최근 프랑스가 이런 경우에 세금을 매겼다. 프랑스 내에는 구글 지점이 없지만 해당 광고수익과 관련된 '중요한 역할'

이 프랑스 내에서 이뤄졌다는 논리로 과세한 것이다. 따라서 우리나라도 구글세를 부과하려면 프랑스식으로 세법을 개정할 필요가있다.

둘째, 범세계적으로 대응하는 방안이 있다. OECD와 주요 20개국(G20)은 BEPS를 차단하기 위한 방안을 마련했고, 2015년 11월터키에서 열린 G20 회의에서 이를 최종 승인했다. 대응 방안의 핵심은 A기업이 얻은 이익을 어느 나라가 얼마만큼 과세소득으로 가져갈 것인가를 결정하는 방식을 만드는 것이다.

예를 들면, 미국 모기업이 광고개발 원가 10억 원을 지출했고, 이를 벨기에 자회사가 상업화했으며, 한국 기업이 이를 이용한 대가로 100억 원을 지불했다고 하자. 이 경우 이익 90억 원을 한국, 벨기에, 미국이 얼마씩 나눌 것이냐의 문제가 관건이다. 3국이 3등분해 30억 원씩 가져갈 것인지, 아니면 광고료를 지급한 한국이 더 많이 가져갈 것인지 등의 방법을 정하는 것이다. 과세관청의 노력 여하에 따라 몇 조원에 이르는 법인세가 오르락내리락할 수도 있다.

숙제가 하나 더 있다. 개발도상국 입장에서 보면 우리나라 대표기업인 삼성이나 현대 등에게 많은 비용을 지불하고 있다. 이들 개발도상국 또한 과세소득을 자국에 유리한 쪽으로 안배하려 들 것이다. 이에 맞서 한국 과세관청은 한국에 정당한 소득이 분배되도록해야 한다. 뱀같이 지혜로울 필요가 있다.

바야흐로 국가 안에서는 세수를 지키고, 밖으로부터는 세수를 끌어당겨야 하는 '글로벌 세금전쟁(tax war)'의 시대가 왔다. 이제는 장부를 뒤적여서 세금을 징수하는 '노동형' 공무원에서 외국공무원과 기량을 겨루어서 세수를 확보하는 '지식형' 공무원으로의 전환을 요구받고 있다. 새해 새로운 숙제가 주어졌다. 우리 과세당국의 분발을 기대한다.

(아시아경제, 2016.3.15.)

47

글로벌 자본세

어느 나라를 막론하고 소득 불평등의 중심에는 자본(돈)이 있다.

우리나라 사회현상 중 가장 심각한 것 중의 하나가 소득 불평등이다. 65세 이상 노인에게 지급되는 기초연금 20만 원이 많으니 적으니 옥신각신했지만, 삼성가(家)는 삼성SDS와 제일모직의 상장을 통해 하루 만에 6조 7,000억 원의 시세차익을 얻었다. 여기엔 세금도 없다(단, 이를 팔 경우 양도소득세를 낼 뿐이다).

서민층에 돈의 씨가 말랐다고 아우성이지만, 제일모직 공모주 청약에 무려 30조 원이 몰려들었다. 도대체 그 엄청난 돈이 어디 숨어 있다 나왔을까. 인기 드라마 '미생(未生)'의 계약직 사원 장그래는 정규직원이 되려고 그리 애를 썼지만 회사를 옮기고 나서야 비로소 정규직이란 '완생(完生)'의 꿈을 이룰 수 있었다. 이와 대조적으로 '땅콩 리턴' 회사의 사주 딸은 나이 마흔에 대기업 부사장 직함을 받았으니 장그래에 열광하는 보통 샐러리맨들이 열받을 만도 하다.

걱정스러운 점은 이런 비상식적인 불평등이 점차 상식화되어 가고 있다는 것이다. 어쩌면 이런 현상에 대해 분노와 저항조차 하지 못할 정도로 현실이 암담한지도 모르겠다.

어쨌든 소득 불평등 현상은 우리 사회의 앞날을 위해 시정되어야 마땅하다. 왜냐하면 소득 불평등이 심화될수록 사회가 불안정해지기 때문이다. 급기야 사회질서를 뒤엎으려는 세력이 똬리를 틀어 부자들뿐만 아니라 착하게 살아온 중산층 이하 계층까지 피해를 볼수 있다. 이는 세계사적으로 칼 맑스(Karl Marx)와 레닌(Lenin)의 공산주의 발현이 입증한다.

어느 나라를 막론하고 소득 불평등의 중심에 자본(돈)이 있다. 각국 정부는 이를 적절히 제어하기 위해 나름 세금제도를 두고 있긴 하다. 자본은 속성상 권력을 끌어모으는데, 특히 의회를 장악한다. 그 결과 자본의 힘으로 세금을 낮출 수 있는 권한을 움직일 수 있다. 일찍이 자본주의를 꽃피운 미국에서 자본(이자·배당)세율보다 근로소득세율이 높은 이유도 여기에 있다.

미국은 비록 한계가 있는 세금제도이긴 해도 정부가 세금으로 자본을 통제하려 들자 상당수 부자들이 아예 세금이 없거나 세금 부담이 적은 국가로 그들의 자본을 이전했다. 시민권만 미국인이지 그들의 재산은 해외에 있는 것이다. 알고 보니 미국 국세청은 부자들의 상투만 잡고 있었던 셈이었다.

이에 미국 정부는 2010년 7월부터 전 세계 금융기관에 미국 시민권을 소지한 자의 금융정보를 통지하도록 하는 '해외금융계좌신고법(FACTA)'의 시행에 들어갔다. 예를 들어 미국 시민권자가 한국 내 은행을 통해 거래하고 있다면 은행이 그 내역을 미국 정부에 통지해야 한다. 법은 이를 지키지 않을 경우 해당 은행의 미국 내 소득의 30%를 벌금으로 납부토록 하고 있다. 이 때문에 서울 강남 소재 은행들이 한바탕 소동을 겪기도 했다.

프랑스 경제학자 토마 피케티(Thomas Piketty)는 여기에 한술 더 떠 전 세계 어느 나라에 재산이 있든지 각국이 동일한 세율로 과세하자는 누진적 글로벌 자본세 도입을 주장했다. 그러면 적어도 나라 간 세제나 세율 차이의 틈새를 자본이 파고들 여지가 없으며, 이를 통해 사회적 불평등이 제거되거나 완화될 것이라는 논리다.

그의 주장이 현실적으로 실행 가능성이 없다는 지적도 있지만 조세피난처 때문에 골머리를 앓는 선진국들은 이미 글로벌 자본세의 전(前) 단계 제도를 마련하고 있다. 해외 소재 은행을 통해 자국인의 해외 동산과 부동산에 대한 정보를 수집 중이다.

우리나라도 해외금융계좌 신고제도를 운영하고 있는데 부동산과

채권은 대상에서 제외되는 등 구멍이 뚫려 있다. 관련 제도를 보완해야 마땅하다. 혹자는 조지 오웰(George Orwell)의 소설 『1984년』을 연상시킨다고 하겠지만 그래도 소득 불평등으로 인해 사회가 불안정해지는 것보다는 낫다고 생각된다. 글로벌 자본세, 소득 불평등을 치유할 수 있는 괜찮은 치료약이다.

(아시아경제, 2014.12.23.)

안 창 남 (丼海 샘바다)

- 국세청 근무 중 국비장학생으로 프랑스 유학
- 프랑스 파리 제2대학교(Université Panthéon-Assas Paris Ⅱ) 법학박사
- 국무총리 소속 조세심판원 비상임심판관 역임
- 서울시립대학교 법학전문대학원 세법 강사 역임
- 고려대학교 일반대학원, 경희대학교 일반대학원, 성균관대학교 일반대학원 세법 강사 역임
- 강남대학교 세무학과 교수 역임
- 사법고시, 세무사, 관세사, 공인중개사 등 출제위원 역임
- 법제처 국민법제관(세법분야) 역임
- 국세청 평가위원회 위원 역임
- 개성공업지구 세무자문위원 역임
- 한국세무사회 연구위원
- 월드텍스연구회장
- AnP 세금연구소장